服务就要做到极致

用心服务铸造雷克萨斯星丘店的销售奇迹

[日]志贺内泰弘|著　潘小多|译

レクサス星が丘の奇跡

中信出版集团|北京

图书在版编目（CIP）数据

服务就要做到极致 /（日）志贺内泰弘著；潘小多译. — 北京：中信出版社，2016.5（2025.8 重印）
ISBN 978-7-5086-6008-0

I. ①服… II. ①志… ②潘… III. ①商业服务－基本知识 IV. ①F719

中国版本图书馆CIP数据核字（2016）第 050946 号

服务就要做到极致

著　　者：[日] 志贺内泰弘
译　　者：潘小多
策划推广：中信出版社（China CITIC Press）
出版发行：中信出版集团股份有限公司
（北京市朝阳区东三环北路 27 号嘉铭中心　邮编　100020）
（CITIC Publishing Group）
承 印 者：北京盛通印刷股份有限公司

开　　本：880mm × 1230mm　1/32　　插　　页：1
印　　张：6.25　　字　　数：78 千字
版　　次：2016 年 5 月第 1 版　　印　　次：2025 年 8 月第 25 次印刷
京权图字：01-2015-4252
书　　号：ISBN 978-7-5086-6008-0 / F · 3625
定　　价：35.00 元

服务热线：010-84849555　　服务传真：010-84849000
投稿邮箱：author@citicpub.com

目 录 >>>>

推荐序 …………………………………………………… IX

序 言 …………………………………………………… XIII

第 1 章 用鞠躬征服顾客，用问候改变人生 …001

记住 1 000 位顾客名字的保安 003

向每一辆驶过的雷克萨斯鞠躬致意 007

每日鞠躬 1 000 次 009

写给保安的感谢信 010

盛夏的蜜瓜 013

挽救危机的行礼 014

鞠躬问候的背后是感恩的心 016

第 2 章 通往成功，唯有服务至上 ………… 021
村上春树小说中的舞台 023
寻找店址的故事 026
没有客户名单的销售 029
独有的贵宾礼遇 032
免费服务背后的心意 034
顺风顺水后的危机 038

第 3 章 没有不知道，没有做不到 ………… 043
一双丝袜的故事 045
活的电话簿 048
以客户为老师 052
365 日全天候服务 054
礼宾服务不能说“不” 057
职务成就个人 060

第 4 章　用心拥抱每一个人 …………………… 065

尽最大的努力　068

“拥抱”客户，赢得信任　073

拥抱身边的每一个人　076

竭尽所能，不露痕迹　079

第 5 章　革新源于对细节的关注 …………… 083

不刻意而为的销售冠军　085

不做推销的销售人员　091

不拒绝临时维修　095

第 6 章　服务的第一步就是用心 ……………… 103
三套理念和行为准则　106
行为准则有时是多余的　112
最不能缺少的是感情　116
人情味带来的接地气　118
如何从“心”培养　119
只有自己幸福才能带给别人幸福　124
经历挫折才能学会顾念别人　129

第 7 章　与其制造惊喜，不如多做实事 …… 135
打造雷克萨斯星丘团队　137
打破部门的界限　141
不做第一，只做唯一　144
口碑创造业绩　146
在客户提出要求前做到　148

与其制造惊喜，不如多做实事 149
通过工作回报社会 153
声名远播 160
365 日无间断服务 162
路途再远也要奔赴现场 163

后 记 …………………………………………………… 171
译后记 …………………………………………………… 177

推荐序

能从浩瀚的书海中选择本书，我想，你平日里一定是一位能洞察事物本质的人，或是一位常常设身处地为他人着想的人。此次能通过本书与你结缘，我备感荣幸。

本书讲述的是雷克萨斯星丘店的故事，在以服务周到而著称的日本雷克萨斯经销店中，这家店被称为“King of LEXUS”（雷克萨斯之巅）。

汽车为人所制造和销售。雷克萨斯为顾客提供的是其在制造领域卓越的“匠人品质”。而星丘店通过日积月累的努力，全方位地展现了在销售层面的“匠人之技”。

但是，我们今天所看到的星丘店的成就，并非常人之所不及或是不可思议的事情。而是每一个故事中的主人公以非凡的耐心和韧性，践行“于人目所不及之处愈要用心”的信念，正所谓“善始者实繁，克终者盖寡”，平凡中的奇迹就是这样诞生的。

作为星丘店里的工作人员，在服务过程中，总是思索着“如何让顾客接受自己？如何才能让顾客满意？如何才能为顾客提供最贴心的服务？”。在解决这些问题的过程中，他们也获得了自身的成长，并将其视为一份无价的回报。

我想，许多经营者或经理人都会有这样的疑问：“怎样才能培养出人才呢？如何才能激发出普通员工的干劲和潜能呢？”如果你也有这样的困惑或思考，那么本书一定能给你带来许多启发。

所谓服务，源自于心。我们不仅仅是在销售商品，更应怀着一颗服务于人的心，让顾客感受到一份至高无上的满足，而这份满足，最终也会在我们的业绩中有所体现。更重要的是，我们的每一项服务都满载着笑容与感恩。我想，这才是世界公认的销售所带来的“价值”。

这些对于同样参与雷克萨斯运营业务的我来说，亦受益良多。

LEXUS雷克萨斯中国-丰田汽车（中国）投资有限公司

执行副总经理

江積哲也

序言

驱车从东名高速公路名古屋收费站出口驶出，就是通往市中心的东山路。这是一条双向六车道的公路，很宽阔。

再向西行驶 10 分钟左右，便能到达星丘。这里毗邻交通枢纽，公共交通四通八达，周边有多所大学、高中等教育资源，而且坐拥三越百货等各类大型购物场所，属于高档住宅区。星丘附近高级公寓林立，主要面向到名古屋赴任的公司高管等社会精英。

雷克萨斯星丘店，正座落于这样一个黄金地段。

假如你是一名雷克萨斯车主，恰好驾车到名古屋，又碰巧从雷克萨斯星丘店的整面玻璃幕墙旁驶过，如果你在保证行车安全的同时还有闲情观景……那么，我建议你将目光投向雷克萨斯星丘店。

我想，你一定会非常惊讶。就在经销店入口处，站着一位打扮得类似高档酒店门童的人。而就在你望过去的那一瞬间，他会面向你深深地鞠躬行礼。

尽管好奇，你也不可能一直注视着那位“门童”。绿灯亮起，你就不得不继续驱车前行。

而你的内心深处一定会产生这样的疑问：“刚才到底是怎么回事儿？难道他是在向我行礼吗？”虽然原因不得而知，但是想必你的心中也会升起一股暖意。

事实上，他确实是在向你鞠躬行礼。这既不是错觉，也不是偶然。他是向身为雷克萨斯车主的你行礼。

雷克萨斯星丘店之所以被车主们称道不已，而且享有“雷克萨斯金牌经销店”的美誉，皆源于以行礼为代表的服务精神。

众所周知，雷克萨斯是丰田旗下最高端的品牌，最初是为了在北美市场上与凯迪拉克、林肯及奔驰、宝马等一众高档轿车品牌相抗衡而打造的。

早在1989年，雷克萨斯便已在美国发售，而直到16年之后的2005年8月，雷克萨斯才出现在日本市场上。

有别于皇冠、普锐斯等传统日系车，雷克萨斯采用了以“LS”“GS”“RX”“IS”等字母命名车型的方式。这一点应该是为了与奔驰形成对比而有意为之的吧。

在实际驾乘体验中，令人印象最为深刻的便是雷克萨斯采用的车内静音及减震技术。这两点的实现得益于多项复杂工艺的完美结合，而车身黏合工艺便是其中之一。在铁板之间的黏合上，雷克萨斯采用了比以往更强的黏合剂。当汽车转弯时，受离心力的影响，车身侧面铁板的负担会加重，导致接合面之间出现空隙，车身便会因此产生轻微的震动。雷克萨斯与一般车辆相比，使用了格外强力的黏合剂，可以有效地减少震动。雷克萨斯就是这样通过对每一个细节的精心打造，追求最完美的驾乘体验。

当然，无论从哪家雷克萨斯经销店购车，其品质都是有保障的。然而，同为日本的雷克萨斯经销店，其销量和口碑却存在巨大差异。在所有经销店中独步青云的便是本书要介绍的星丘店。

雷克萨斯星丘店不仅年订单量一直处于数一数二的位置，而且在车主满意度调查中也稳居首位，在业界享有“雷克萨斯金牌经销店”的美誉，令其他分店望尘莫及。

在网上，有的博主将星丘店的种种轶事整理分享，称其为“雷克萨斯传奇”。而在点评网站中，网友亦给予星丘店五星好评。

每一位造访雷克萨斯星丘店的客人都会为其奢华的装潢陈设而惊叹。接待大厅位于二楼，为此特别设置了自动扶梯，这在全日本雷克萨斯经销店中绝无仅有。店内墙上挂着巨幅风景照，赏心悦目。接待室的搁架上还陈列着著名陶艺家的作品，让人感受到美术馆一般的氛围。

客人刚一落座，就会有接待员单膝跪地，奉上咖啡。店内的沙发舒适松软，甚至让人有在这里美美睡一觉的欲望。我询问后才得知，建店之初，雷克萨斯营业部曾为各经销店统一配备沙发，但星丘店觉得那款沙发坐起来背部不太舒适，因此特意定制了现在这款高背沙发。

在所有细节上，他们都力求完美。

然而，本书的重点并不在这些硬件方面。因为雷克萨斯星丘店令其他经销店难以望其项背的，是接待、维修及售后等服务。

本书在为大家讲述星丘店是如何缔造“雷克萨斯传奇”的同时，还希望多少能给读者一些有关“用心”的启示，不仅在商务领域，还有人生方面。

本书读者中，想必也有不少与雷克萨斯星丘店的员工一样，身处房地产、汽车、金银珠宝及奢侈品等高端产品的销售行业，有些人或想通过本书找到成功向富裕阶层营销的诀窍。我之所以动笔写作本书，也是希望给人们提供一些帮助，不仅针对销售高价产品的人，还包括所有从事销售业和服务业的人。我想，本书一定不会辜负大家的期望。

不过，除此之外，我更乐于同大家分享的是这样一个道理：专心做好一项工作，人生就会大有改观。

我在写作过程中，同星丘店的员工进行了深入的交谈。在他们成功的背后，也有过失败与挫折。希望阅读本书的各位读者可以在他们的故事里找到自己的影子。

第1章

用鞠躬征服顾客，用问候改变人生

记住 1 000 位顾客名字的保安

雷克萨斯星丘店门前，站着一位身着类似酒店门童服装的保安。他站姿挺拔，迎接每一位到店的客人。当然，作为保安，最重要的工作还是保证行人和入库车辆的安全。

这位保安就是早川正延。

早川以前在保安公司上班，星丘店成立的第三年，他被派到这里。最初他穿的是那种随处可见的普通保安制服，后来由于公司方针的调整，保安着装一律改为类似高级酒店门童的款式。

说起来，保安制服有点儿像警察制服，一眼看上去就知道这个人的职业，完全谈不上时尚，甚至与雷克萨斯的尊贵形象不符。所以，尽管没有先例，公司最后还是在星丘店的强烈建议下，同意将制服改成酒店门童的款式。

名古屋的夏天是难熬的，经常接连几日气温在摄氏 35 度以上。这里有不少从冲绳等地来工作的人，连他们都完全没想到名古屋会如此闷热。湿度之大，更令人窒息。他们共同的评价就是“名古屋比冲绳还要热”。

名古屋的冬天也是难熬的，从关原附近伊吹山那边刮来的山风寒冷而干燥，被称为“伊吹狂风”。

早川就是在这样的天气里，从早 9 点到晚 7 点，站在星丘店门前，迎来送往，日复一日。

星丘店的员工都配有无线耳麦，早川也不例外。有时候，耳麦里会传来这样的对话：

“山田先生打电话来，说一会儿就到。”

“他夫人也来吗？”

“对，还有他的女儿，全家一起来。”

一听就知道是接待人员和销售人员之间在互通信息。

于是，早川开始在自己的记忆库中搜索。“山田先生，应该开的是 LS 混合动力车吧，颜色嘛，应该是白色的。”这些早川都无须用耳麦向店里的工作人员确认，因为山田先生总是一家三口过来，给人印象深刻，所以很容易想起来。

过了一会儿，一辆白色的 LS 混合动力车从东山路左转驶来，早川赶忙迎上前去。驾驶员降下车窗，询问该停在何处。

“哦，山田先生，请开到这边来。”

听到早川的回答，不仅车主本人，他的夫人和女儿也大吃一惊：为什么这个保安会知道我们的名字呢？

早川总是留意店员们在耳麦中的对话：“× × 客户说刹车有些故障，想让我们帮忙看看”“总经理，× × 客户想在回去之前和您打个招呼”“ × × 客户遇到了交通事故，打电话来要咨询一些问题”，诸如此类，数不胜数。

早川说他并没有特意要去做什么。不过既然在门口迎接客户，能知道对方自何处来、姓甚名谁，自然再好不过了。留心这些之后，他渐渐就记住了客户的姓名。每次鞠躬时，早川都在心中默念：“山田先生，欢迎光临星丘店。”这是一种态度。只要有机会，他都会带上称谓向客户问好。

如此，过了一段时间，有些客人也记住了早川的名字，还有些客户会在离开前在车内向他挥手致意。有时候，客户还会和早川打个招呼，问候几句，例如“你好”“大热天，辛苦了”。早川只不过是一名普通的保安，却和素不相识的客户渐渐有了交流。

经销店的上班时间是早上 9 点半，但因有些客户会提早赶来，早川一直坚持每天开店之前到岗，9 点就站到正门前。

当客户开车过来时，早川会跑到停车区引导，然后一边打开车门一边致以问候："××先生，欢迎光临星丘店。"客户驱车离开时，早川会听到耳麦里说"××客户现在从后门离开"，早川又会飞奔到后门去送。通常，他会一直目送车辆驶远，直到看不见尾灯。因为记住了客户的名字，早川就能对应起哪些客户习惯从后门驶出，这样还可以提前到位，目送客户离开。

通过这些点滴小事，早川记住的客户名字居然有 1 000 个左右！

这是顶级酒店的门童都望尘莫及的数字。对于客户的名字，早川并不是像准备考试那样死记硬背下来的，因此，如果像智力问答那样，突然问起××客户的车牌号是多少，他很有可能回答不上来。但是如果看到汽车的型号、颜色和客户的面容，听到客户的声音，他就能像做联想游戏一般，想起客户的名字。

向每一辆驶过的雷克萨斯鞠躬致意

不知不觉间，早川喜欢上了向客户问好。

可是，这样站着实在无聊。早川一边工作，一边想着自己还能再做些什么。

这个时刻终于到来了。一天，早川正向星丘店前东山路上驶过的一辆雷克萨斯车深深鞠躬。

现在回想起来，他已经记不清当时的情形，也不知道为什么会突然产生鞠躬的念头。早川歪着头说："想来应该是因为怀有感恩的心吧。"

早川在星丘店工作，从星丘店挣得工资养家。不同于销售人员和业务助理，他几乎没有和客户交流的机会，但这并不妨碍他热爱雷克萨斯这个品牌。他想用自己的方式对雷克萨斯的客户表示感激之情。

于是，早川选择了鞠躬致意。

我直截了当地向他表达了自己的困惑："从您眼前驶过的雷克萨斯可不一定都是在星丘店购买的啊。"

"是的，您说得没错。"

"如此说来，您是想表达感激之情，但那些车有可能是车主在其他经销店购置的。难道，您已经可以远远地就判断出那是不是星丘店车主的车子，就好像记住车牌号一样？”

“这怎么可能！说实话，这一点也曾让我感到困惑。”

在爱知县，还有其他15家雷克萨斯经销店。星丘店邻近东名高速公路收费站，因此有很多驶过的雷克萨斯车可能是在其他地区的经销店购置的。无论上述哪种情况，车辆都不是来自星丘店。虽然同为雷克萨斯经销店，但总归是竞争关系。

早川可能是做保安久了，比较沉默寡言。初见之时，我就感觉到他是个淳朴且诚实的人。提过一些问题后，他断断续续地对我说了下面这番话：

“当然，车主可能是我们的客户，也可能不是，这个我是无从知晓的。但是我就是想对他们表达自己的心意，感谢他们选择雷克萨斯。是不是我们店里买的车都没关系，我不是站在销售的角度感谢他们购买了商品，只是单纯地想致谢而已。”

每日鞠躬 1 000 次

我决定亲身感受一下早川先生的工作状态，尤其是想亲眼看看他鞠躬行礼的样子。

每当在眼前的车流中发现雷克萨斯轿车，早川就会微微调整自己的站姿，尽量面向车子的方向，深深地弯下腰。我给他拍了照片，仔细看他鞠躬的度数，应该有 55 度，真的算是深施一礼了。在早川身边仔细观察，会发现他在鞠躬的同时还轻扬眼角，向行驶而过的雷克萨斯轿车行注目礼。虽然不太明显，但是能感觉到他的面孔也在随着车子的行驶而调整角度。早川的表现的确显示出他想表达的心意。

然而，令我吃惊的是，雷克萨斯轿车驶过星丘店门前的频率是如此之高——现在居然有这么多人拥有高级轿车！我测了一下旁边星丘三越百货前信号灯的变灯时间：红灯 2 分 20 秒，绿灯 1 分 10 秒。早川曾经试着统计过，信号灯每变化一次，大约会有多少辆雷克萨斯车驶过。结果是平均七八辆。

如果做一下简单的估算，从早上 9 点到晚上 7 点，共计10小时，早川先生在这10个小时里会鞠躬1 371次。当然，10个小时里包括了休息时间，还包括他去后面引导车辆出库入库等不在正门的时间。即便如此，他每天鞠躬的次数也不会少于1 000次吧。

有时候会连续有几辆雷克萨斯轿车驶过，这种时候早川也会小幅地抬起身子后再弯下腰，必定是对每一辆车行一次礼，绝不忽视任何一辆。

虽然这样想有些冒犯早川先生，但是我的脑海里不免闪现出“愚直”一词。因为有“愚”这个字，很难让人理解为好的意思。可在我看来，能将一个行礼做到如此极致，这份“愚直”代表的是“真诚”，是“执着”。有此感受的也绝不止我一人。

早川说，他在业余时间散步时看到雷克萨斯车，也会不自觉地鞠躬行礼。听上去像是个笑话，却是真事。我都可以想象出车主丈二和尚摸不着头脑的表情。

写给保安的感谢信

当然，所有这些都不是源自上司的指令，完全是早川先生主动而为。他就是这样坚持不懈地向雷克萨斯轿车行礼。

早川对我说，他也曾经在心中产生过疑惑：“我这样鞠躬致意，是不是也没有什么意义呢？”

然而，突然有一天，雷克萨斯星丘店收到了一封素不相识的人寄来的信，内容如下：

您好。

贸然寄出这封信，还请各位见谅。

我是住在昭和区的××。我车的型号是GS250，购于雷克萨斯昭和经销店。

之所以会突然给贵店写信，是因为我很想表达一下感谢之情。

对我而言，作为雷克萨斯车主感到最幸福的时刻，是我驶过雷克萨斯星丘店的瞬间。

高级的制服，饱含心意的深深一躬，每次经过时都令人感动。我为自己选择了雷克萨斯而感到幸运。

最近天气寒冷，希望各位注意身体，工作顺利。

请允许我再次致以真诚的谢意。

写这封信的人也许不知道雷克萨斯昭和店和星丘店不属于同一个经营者。除了老板，这些事情没有人会关注。而且，写信的人可能也不知道早川先生并不是星丘店的正式员工，而是由保安公司派遣来的。此外，他也不会知道每一次鞠躬致意都并非来自上级的命令，而是早川的自发行为。

但毋庸置疑的是，早川想向每一位雷克萨斯车主表达的感激之情已经传递到这位寄信人的心中。

实际上，类似的来信还不止这一封。包括邮件在内，不少人向雷克萨斯星丘店表达了“愉快”和“感谢”的心情。

于是，曾经为自己主动鞠躬致意的行为感到有些纠结的早川，也一点点增强了自信。他说：“听到客人向我们道谢，心里肯定是高兴的。不知不觉间，这些感谢成了我做每一项工作的动力。所以我绝不能中途放弃鞠躬这件事。我一次次地对自己说，努把力，再努把力！就这样不知不觉地走到了今天。”

有些客户虽然没有寄来信件，但是也不断地给予早川回应。例如，早川鞠躬行礼，对方也会向早川挥手致意，或是当汽车驶过的时候打起双闪致意，甚至有些原本在中间车道行驶的车主，会并到靠近人行道的最外侧车道，对早川行注目礼。

这是多么美好的事情！没有语言交流，却相互表达了感谢之情。这难道不是最高境界的交流吗！

盛夏的蜜瓜

这是一年夏天发生的事情。

有一辆雷克萨斯GS轿车常常会驶过星丘店门前的公路。早川和那位开车的男性已经成为隔着玻璃以眼神互相致意的“熟人”。当然，他们从来没有说过一句话，但是早川知道这位车主并非星丘店的客户。

有一天，这辆GS轿车并未像平时那样驶过门前，而是驶入了经销店的停车场。停好车后，车主从后方座椅上拿起什么东西，径直向早川走来。早川心想：“这是怎么回事，莫非是发动机出现了什么故障？”那位先生走到早川面前突然对他说：“你每天都站得很尽职啊，这么热的天，不容易。”早川连忙回答：“哪里的话，这是我应该做的。”

就在这时，对方递给早川一个硕大的蜜瓜，是专门送礼用的高级品种。“来，把这个吃了吧，吃了能更有干劲儿！”

挽救危机的行礼

我问了早川一个有点儿俗套的问题，主要是我猜读者们可能也想要知道这一点。“请问，有没有什么具体的事情可以证明您鞠躬行礼和营业额有直接的关系？”

早川露出有些困惑的表情，他想了想，断断续续地答道：“的确有几位客人说过：‘因为星丘店有你，我才在这里买车。’对了，还有一位客人说过下次一定在这里买，他现在的座驾是在其他经销店买的。”

在采访过程中，我还听吉田芳穗店长说起过一个关于投诉的小插曲。那是一位日本知名大企业的创始人，因为LS轿车的引擎问题而大发雷霆，责问星丘店到底要修理多少次才能修好。这次的确是经销店的责任，主要也是因为做出回应不够及时，因此陷入被动。

销售人员道歉自不必说，吉田店长也几次三番地前去道歉，但是对方无论如何不肯妥协。这位大人物平时就威严厉万分，让人望而生畏。这次惹火了他，唯有不停地低头赔礼。也许是这样的诚意打动了对方，对方反而有些同情起星丘店的员工来，直言这本来就是汽车配件的问题，责任也不在星丘店，大家都很不容易。

事隔不久，这位大企业家再次到访，说出了一番令吉田店长吃惊的话："我每天早晨上班时，都会从星丘店门口路过，每次都会看到门口的保安向我鞠躬行礼。那可是每一个早晨啊！因为有司机开车，我可以一直望向他，每天早上的心情也会因此格外的好。我真的很佩服他可以坚持这么久。"随后，他对一直沉默不语的吉田店长说："看在他的面子上，这次的事情我就不计较了。"

吉田店长听后如释重负。

他也没有想到，早川的一个行礼可以在雷克萨斯车主的心中激起这样的反响。

说一句比较世俗的话，在一个很难把商品推销出去的年代，如果鞠个躬就可以把商品卖掉，代价真的很小。然而，我从没有听说过有其他店，包括其他商品店，效仿过这一做法。不打折、不做积分卡，还是有很多可以免费为顾客提供的服务，例如行礼、微笑、问候……早川用他的行为印证了这一点。

实际上，早川现在已经成为KIRIX集团本田东名古屋公司的正式员工，并继续在雷克萨斯星丘店担任保安一职。当初，一直与星丘店有合作关系的保安公司要撤走人员时，经销店的负责人立刻询问早川是否愿意以正式员工的身份继续留下任职，答案当然是“我愿意”。

雷克萨斯星丘店此举为自己留下了十分难得的人才！如果他们没有意识到早川的重要性，就相当于放走了一匹千里马。

如今，工作日仍然主要由早川当班。而在客流较大的周末，会有另外一名保安和早川轮换上岗，坚持鞠躬行礼。

鞠躬问候的背后是感恩的心

我又问了早川一个比较朴素的问题：“你从年轻时起就习惯问候和鞠躬行礼吗？”之所以问这个问题，是因为我觉得早川寡言且有些木讷，不善于与人交流。在我采访的过程中，他也是想一想停一停，回答问题时一个词一个词地往外挤。这样的性格应该很不擅长与人打交道的才是。

早川告诉我："说起来怪不好意思的，我从小就不太会和人打招呼。不过，结婚后，我的太太是个特别踏实稳重的人，每天都会和我道早安。过去我们家里没有这种互相问候的习惯，因此我感觉特别新鲜，而且很愉快。从那以后，我也开始有意识地在外面和别人寒暄问候。"

我不禁感叹："如此说来，你太太的功劳可不小啊。"早川答道："无论是工作还是其他事情，我都会和太太交流。我如果告诉她今天客人给了我一个高级的蜜瓜，或者说今天有一封客户的来信，她都会惊叹地说'太棒了''太感谢了'。然后我俩就会你一言我一语地表达喜悦和对客户的感激之情。太太常常把'谢谢'二字挂在嘴边，我可能是受了她的影响，也在不知不觉间常怀感恩之心。"

早川开始鞠躬行礼就是源于把"感激之情"传递给客户的愿望，而这个想法竟然是受他太太的影响。

正因为如此，在早川的深深一躬里，看不到任何有意而为的痕迹。因为他这么做只是为了表达"感激之情"，而没有任何期待别人购买商品来回报自己的意图。

这一点看似简单，实则很难。除了志愿者，人们通常不会做没有回报之事。在工作中期待回报是天经地义的。

希望提薪，希望晋职，这样的欲望是人们行动的动力，并与为客户提供服务联系在一起。

也正是因为有这样所谓的常理，早川单纯的行为才会格外打动人心。

早川把客户寄来的感谢信装在相框中，摆放在起居室书桌上最醒目的位置。

雷克萨斯星丘店的经营之道：

不期待回报。

第2章

通往成功，唯有服务至上

村上春树小说中的舞台

做生意是一件不可思议的事。

一旦你的销售额下滑、店铺出现危机，即便是多年的老顾客也会弃你而去，你将陷入恶性循环，无法摆脱。

反之，一旦顾客盈门，别人或是亲眼所见，或是听到传闻，就会纷至沓来，销售量也会节节攀升，进入良性循环。

雷克萨斯星丘店亦如是，走向金牌经销店的道路也曾布满荆棘。不过，现在情况完全不同了，不需要任何营销，就有很多客户慕名而来。他们或是听朋友赞扬这里的服务无可挑剔，或是看到网上的用户好评。不仅在本地区，星丘店的盛名早已远播到日本其他地区，甚至有门店管理人员组团前来学习星丘店的成功秘诀。

也许是这些评论起到了一定的作用，突然有一天，星丘店以一种意想不到的形象出现在大众传媒中。媒体纷纷报道，认为村上春树的长篇小说《没有色彩的多崎作和他的巡礼之年》中所提及的雷克萨斯展厅很有可能就是以星丘店为原型的。

小说出版后，狂热的“春树迷”展开了“雷克萨斯展厅是哪家店”的讨论。所谓“春树迷”，就是一群自诩为与“福尔摩斯迷”一样痴迷原著的读者。他们不仅研究村上小说的情节，对其中写到的美食和音乐等细节也大加考证。他们在寻找小说主人公及设定场景原型的过程中，一度认为名古屋市内的雷克萨斯名古屋西经销店和雷克萨斯高岳店很有可能是书中店铺的原型。

但是，小说中的一段描写提供了星丘店可能就是小说中展厅原型的有力证明。下面这段文字，描述的是主人公多崎作前往朋友青海悦夫工作的雷克萨斯店时的情景：

> 多崎作走向前台，和坐在那里的年轻女孩攀谈起来。她的头发优雅地盘起，露出白皙修长的脖子。台子上的花瓶中，粉色和白色的大丽花开得正艳。

其实，雷克萨斯各经销店有一个全日本统一的“发型指南”。头发按长度分为短发、中短发、中长发和长发，每一种都有造型规定，基本上是以“发型端庄大方，符合服务特点”为宗旨。

但是，星丘店将负责接待工作的女性员工的发型统一为一种，要求将头发全部盘起，不要有散下来的发丝，也就是所谓的“晚装发型”。对女性而言，发型是最重要的时尚元素之一，并且是显示个性的必要条件。在该项规定实施之前，管理者也和女性员工进行了沟通，最后本着“让客户赏心悦目”的原则统一成这种发型。

因此，小说中描写的“头发优雅地盘起”，说的应该就是这款“晚装发型”。除此之外，星丘店附近有星巴克，还有带长椅的公园。种种迹象越研究越感觉小说中雷克萨斯店的原型就是这里。

不过，最确凿的证据应该是下面的这段描写：

店员训练有素，谈吐柔和文雅，敬语的使用完美无暇。当她们对久候的顾客表示歉意时，你能感觉那是发自内心的致歉。店员培训得太好了，又或者这就是她们与生俱来的姿态?

我相信，无论在日本的哪家雷克萨斯经销店，客户都会得到同样的礼遇。但是，“春树迷”的推测也不是空穴来风。由于星丘店的待客之道广受好评，也许村上春树也是耳闻了“金牌店”的事迹，才将其作为原型写入小说。

今时今日，星丘店的员工面对过多的赞美几乎有些无所适从。但是，在开业之初，不，在开业之前，星丘店也走过了一段屡受挫折的坎途。

寻找店址的故事

经历了泡沫经济，日本经济长期处于低迷状态，紧接着又进入了被称作“失去的20年”的时期。当这20年走过一半的时候，日本汽车业进入了成熟期。市场趋于饱和，而且尚无开拓市场新需求的动向。

就在这时，丰田汽车公司宣布将雷克萨斯品牌打入国内市场，同时表明这将是一个有别于现有5个经销商的雷克萨斯销售网络。当时，丰田汽车拥有TOYOTA店、

TOYOPET店、CAROLLA店、Vista店和Netz店5个经销网点。公司的战略是在创建雷克萨斯经销店的同时，将Vista店和Netz店合并为新的Netz店。

然而，不是任何有意愿的人都可以开一家雷克萨斯经销店。丰田总部对申请开店者的要求是：

1、拥有丰田Celsior经销权且拥有多家经销店的TOYOTA及TOYOPET经销商可以建店；

2、业绩良好的CAROLLA、Netz和Vista经销商可以建店；

3、需在总公司指定区域建店营业。

要求公布后不久，Netz丰田东名古屋公司（前Vista东名古屋店）便获悉，名古屋市内其他有力的竞争对手都已经早早拿下了开店的绝佳地段，而且已向总部提交了申请。自己虽然有强烈的愿望，却找不到一个适合的地段。

Netz丰田东名古屋公司是一个业绩极其优秀的经销商，完全具备申请新建雷克萨斯经销店的实力。然而寻遍他们所覆盖的名古屋东部地区，竟找不到可以用来建店的土地。对汽车经销店而言，开店选址至关重要，马虎不得。此外，由于要将停车场考虑进去，所以必须保证一定的占地面积。

选址一直没有结果，而距离申请截止日期仅有几天，Netz丰田东名古屋公司几乎放弃了希望。

这一天，KIRIX集团（现今旗下有Netz、大众、雷克萨斯等经销店）的董事长山口春三被夫人拉去当司机，送夫人前往星丘三越百货购物。山口原本就不是很情愿当车夫，到了地方也没打算进停车场，而是停在百货公司的北侧，等夫人出来。就在这时，眼前一片宽广的空地吸引了他的目光。这里曾经是一家超市，如今旧建筑物已经被推倒，是一片待售的土地。

“就是这里！”山口的直觉告诉自己。他迅速查明土地所有者是东山游园有限责任公司。碰巧，其会长水野民也（已故）和总经理茂生先生都与山口交往甚厚。山口第二天一早便去拜访了水野先生。他热切地表达了自己的意愿，表明自己不仅仅要建一个汽车经销店，更要将这家店打造成为开发建设整个星丘地区的中心，恳请对方务必在土地方面给予协助。

东山游园有限责任公司也表示正在考虑为发展星丘地区引进国际品牌，双方一拍即合。原来，东山游园有限责任公司的创建者水野民也，就是白手起家打造星丘地区的第一人。名古屋市修建东山动物园时，水野家族捐赠了大片土地，其后又吸引众多学校、商场等公共设施落户星丘。水野之于名古屋的星丘，就如同五岛庆太之于东京的田园调布，二者均创建了当地最高端的社区。正因为如此，山口的请求才能立刻打动水野民也。

当天双方就交换了租赁合约的备忘录，第二天，即申请截止当日，山口派人把资料提交到丰田汽车总部。

山口回忆道："本来是迫不得已去给太太当司机，没想到事情就此出现转机，这一定是天意。"

当 KIRIX 集团将土地的租赁资料拿到丰田总部雷克萨斯经销店筹备室时，引发了一场不小的轰动。因为这实在是可遇不可求的最佳地理位置。自此，雷克萨斯星丘店踏出了走向成功的第一步。

没有客户名单的销售

提起汽车销售，人们首先想到的是挨家挨户上门推销的方式。销售人员需要在经销店的周边区域，一家一户地去按门铃。如果家中没有人，就把活动宣传单、产品介绍册和自己的名片投到邮箱里。我的一位朋友曾经做过汽车销售，据他说，仅仅一年就穿坏了三双鞋。还有一次，因为盛夏时节在高层建筑中爬上爬下地逐户发掘客户，最后累得尿血，病倒了。

不过，这些都已经是20世纪的老办法。如今最行之有效的促销手段是依靠老客户的介绍。因为老客户选择你是出于信任，由一份信任产生另一份信任，这样的销售从一开始就比较容易推进。

此外，还有一个销售方式就是通过举办展会等活动，将客人请进店来。活动不仅限于新车发布会和试驾活动，有些地方还会举办纳凉活动，或者举行周边地区儿童写生大赛的颁奖会，内容可谓五花八门。当然，这些活动都需要上门投递宣传单，或者在报纸上投放夹页广告。

雷克萨斯星丘店定于2005年8月开业。在准备阶段，他们遇到了一个巨大的障碍。

星丘店打算提前开始销售，却苦于没有客户名册。这可不是那种从所谓的名册公司买来的写有本地高收入者姓名的名册，更不是要依据那样的名册逐一打电话推销。日本自从2003年5月《个人信息保护法》部分实施，及至2005年4月1日全面实行，名册买卖已经是一件很难操作的事。

为了方便读者理解，在这里有必要梳理一下丰田汽车的销售渠道。

丰田汽车现在有4家经销商，分别是TOYOTA、TOYOPET、CAROLLA和Netz。其中，TOYOTA主要经销Century（世纪）、Celsior、Crown（皇冠）和Soarer，TOYOPET主要经销Celsior和Soarer，都以销售高级车为主。因此，这两家经销商在建雷克萨斯经销店之初，就可以面向这4种高级轿车的车主，说服他们将座驾升级换代为雷克萨斯。换句话说，这两个经销商实际上已经拥有所谓的“客户名册”。

而且，丰田公司原本的战略就是将Celsior并入雷克萨斯LS车系，将Soarer并入雷克萨斯SC车系，两个经销商的方针和总社的方针也是完全一致的。

然而，当时Vista代理经销的车型仅限于Tercel（雄鹰）、Ipsum、Vista这样的紧凑型轿车或家用轿车，很难让这些车的车主将座驾升级换代为雷克萨斯。

因此，在雷克萨斯品牌进入日本市场之初，Vista与TOYOTA、TOYOPET经销商的竞争力就存在很大差距。如果这样下去，其他经销商势必将所有客源收入囊中。Vista公司上下陷入焦虑的气氛中。

独有的贵宾礼遇

当然，当时的Vista经销商，即后来的Netz也没有消极地守株待兔，坐等客人，而是采取了现在很少使用的突击拜访的销售方式。他们组织了一队以公司为销售对象的人员，在没有事先预约的情况下到锁定的公司拜访，和总经理交换名片，然后于次日寄送宣传册。

此外，他们还找出本公司加盟的各个企业家团体的负责人名片，按照上面的地址给各公司的总经理寄信。采用这样的方式就完全不能顾及什么体面，销售的每一步都充满了汗水和辛劳。

在不断摸索的过程中，一个想法诞生了。

当时，Vista经销的车型中，价格最高的是一款叫ARISTO的轿车。丰田公司当时正计划将此款轿车并入雷克萨斯的GS系列。这已经是Vista经销代理的最高级的轿车，但总价也不过450万~600万日元，和Celsior那样的高档车不可同日而语。

尽管如此，公司还是决定在新的Netz成立后，立刻制作一份包括Netz丰田东名古屋公司旗下21家经销店所有ARISTO客户的名册。这些客户大部分是在第二次世界大战后“婴儿潮”时期出生的，到2005年已经六十上下，都已结婚生子，成家立业，家境基本还算殷实。不过即使是21家的全部客户，人数也还不到300。本着将这300人待为上宾的宗旨，星丘店在试营业阶段就将他们都请至店中，而且给每位ARISTO的车主指定了一对一的雷克萨斯销售顾问。

星丘店里设有氧吧和室内高尔夫球模拟设备，这些都是其他门店没有的设施和服务。所有ARISTO的车主都可以享受到与雷克萨斯车主同样的礼遇。

等到开业的那一天，店内宾客盈门。这首先要得益于媒体的宣传收到了很好的效果。此外，在门店装修期间，他们还在玻璃幕墙上悬挂起巨幅宣传海报，上面写着“8月30日开业”，所以附近不少居民早就在心里倒计时般地急盼开业的这一天。

ARISTO的车主们悉数出现在店里。令人惊讶的是，来得更多的是奔驰、宝马，甚至保时捷和法拉利等世界顶级轿车的车主。他们将自己的豪车一辆辆驶入停车场，简直像在上演一场世界名车秀。

开业当天，共计有200组、数百位客人到店，此后依然络绎不绝。周末时有100组左右，平时也有30组左右的客人。虽然星丘店没有Celsior那种高档车车主的名册，却有很多奔驰等车的车主特意赶来，还留下了姓名和联系方式。新店开张，哪里还有比这更令人振奋的事情!

这就是雷克萨斯轿车的魅力所在吧。开业前的担心似乎成了杞人忧天。然而，店里上上下下谁也没有想到，这一切会导致三年后的一次严重危机。

免费服务背后的心意

因为没有合适的客户名册，星丘店开业后销售策略的核心就是尽可能地创造和已有客户见面的机会。为此，他们绞尽脑汁。

星丘三越百货和雷克萨斯星丘店只隔着一座建筑。百货商店附近倒是有几处收费停车场，但是在下雨天，车上的人必须打着伞走到商店。而且，对很多司机而言，在那种停车楼里泊车本身就是一件不容易的事。

人们不喜欢在停车楼泊车的最关键原因还是因为停车要付费。原则上，根据在三越百货购物的金额，可以享受相应的免费停车时间。但是住在附近高档社区的公司高管的太太们，常常会为了一点儿晚餐的食材而驱车来三越百货购物。即便她们属于高收入阶层，但是如果停留的时间长而购物的金额少，还是会有些介意支付停车费的。

雷克萨斯星丘店注意到了这一点，便通过大力宣传，请购物的客人来这里免费停车。于是，平日里来停车的以购物的太太们为主，到了周末，则是那些公司高层管理者携家带口地来店里停车，然后步行至三越百货或附近的其他奢侈品店购物。

星丘店提供的服务还不止于此，他们又提出："请让我们在您购物期间为您洗车"。当然，这也是免费的。而且不是机器洗车，是精细周到的人工清洗。

通常情况下，客户买车时会在价格上交涉一番，但是雷克萨斯轿车从来不打折，全部统一价格。这是因为雷克萨斯的售后服务及其他周到服务都包含在这个价格之中。有的车主会每周来洗一次车，那么一年就是50次。再加上免去的停车费用，这笔钱要远远超过一般购车时打的折扣，绝对是物超所值。

站在雷克萨斯星丘店的角度看，好像有些不划算。不过，这个不划算里隐含着一个重要的策略。

一个销售人员每天想要拜访10位车主几乎是不可能的，因为这些商界精英本身就非常繁忙，想要预约登门拜访的时间都很困难。但是，通过“免费”的活动，星丘店把车主请到了自己的店里。面对面的接触可能带来下一个营销的良机。

每每车主到店，在简单寒暄之后，销售人员还有可能向他们介绍新车发布的信息。如果对方时间充裕，甚至可以请他们在店里喝一杯咖啡，做进一步的介绍。

顺便说一句，星丘店的咖啡是店员们以多种咖啡豆亲手调配而成的。除此之外，店里还提供红茶、果汁、日本茶等饮品，种类丰富，堪比酒店的咖啡厅。所有搭配饮品的点心也都是请附近的高级蛋糕店为星丘店特制的。比如，我去采访时尝过一款饼干，上面精细的裱花就是一个代表雷克萨斯的字母“L”。

其实，这个后来被确认为重要策略的“免费营销”源于一次车主与技师的对话。某日，一位客人驱车而来，对身边的一个技师说要去三越百货购物，于是技师赶忙和车主确认：“您是要在我们店里停车吗？”并且又忍不住追加了一句，“请允许我帮您把车清洗一下吧。”

开业伊始，店里几乎没有什么维修和保养的工作，所有技术人员都无事可做。于是，这位技师认真地给停车的客人洗了车。当客人购物回来时，忍不住感叹道：“这也太干净了！”由此，星丘店推出了免费洗车服务（现在仅针对有洗车需求的客人）。

据星丘店介绍，现在每天的洗车数量大约50辆。销售人员一天拜访10位车主都不是易事，而这样一来，每天至少有50位车主自己找上门来。如果单纯地看“免费洗车”这件事，很难把它归在商业行为里。而如果将它视作替代新车发布宣传册的“广告”，那就很难找到比它价格更优惠的商业宣传了。更何况客人们对此也表示十分满意。

店长吉田芳穗说：“在客人购物期间为他们提供免费停

车和免费洗车服务，恐怕只有我们星丘店才有。”

顺风顺水后的危机

2005 年，轿车预订量 212 辆。

2006 年，轿车预订量 425 辆。

2007 年，轿车预订量 432 辆。

如上所示，星丘店的预订量逐年递增。在开业第一年，他们的销售业绩就成为全日本雷克萨斯经销店中的第二名。翌年，又凭借雷克萨斯LS车型的成功发布顺利地向前推进了一大步。

然而，在开业第三年，看上去依然乐观的销售量在增长率方面已经出现了下滑。没有新车发布的良性刺激，星丘店的经营也缺乏生气。2008 年 9 月 15 日，美国雷曼兄弟公司宣告破产，这场信贷危机让全世界都卷入金融危机的漩涡。已经签好订单的客户纷纷提出申请，要求取消订单。要求取消的订单超过了可以继续执行的订单。原本一旦签约就意味着经过确认进入生产环节，解约是要支付违约金的。但是星丘店在一一确认了客户的情况后，发现很难向客户索要违约金。一时间，要求取消的订单数量甚至超过了新签约的订单量。

2008年，轿车预订量260辆，较上一年度下滑40%。一路顺风顺水的星丘店进入了严冬期。

造成这一切的主要原因当然是，雷曼兄弟公司触发的全球金融危机。但是，吉田店长事后表示，即使在销售形势很好的时候，他们也对发展前景预感到隐隐的不安。因为工作人员们并不了解乘坐高级轿车的富裕阶层的心理。

在筹备星丘店之时，拥有21家经销店的Netz东名古屋公司调集了各店的销售精英，他们都是有着傲人销售业绩的员工。然而，这些销售明星一直以来经手的都是家用轿车和紧凑型轿车，平时甚至没有什么机会和医生、律师、注册会计师以及公司老板、集团董事长这一高收入阶层的人打交道。因此，他们不能真正了解拥有社会地位和巨大财富的客户究竟需要什么，也不了解他们的想法。销售人员因此备感压力。

雷克萨斯初入日本市场阶段，尽管对客户并不了解，却卖得十分顺利。正是因为太过顺利，销售人员错过了很多认真思考客户需求的良机。这个漏洞伴随着金融危机而凸显出来。

例如，KIRIX集团有一个集团客户，在Netz东名古屋旗下的经销店采购了很多公司用车，该公司老总本人也在雷克萨斯星丘店购买了私家车。如果此时在销售中出现一点儿闪失，那位老总一定会认为整个公司的服务有问题，而因此对集团业务产生不良影响。因此员工为他提供服务时都要万分小心。

为了避免不必要的失误，吉田等管理人员明确了一个目标：从现在开始，从基础做起，努力学习经营之道。于是，他们又回到建店时的原点，重拾当初的信念，再次追求极致的“待客之道”。

星丘店共有41名员工，这对于他们每个人而言都是挑战。从那一刻起，员工们从接待、销售和维修三个方面共同创造出了“雷克萨斯传奇”。我想以此为中心，记录下在他们身上发生的小故事，看看他们是如何站在客户的角度考虑问题、如何关心客户、如何最终赢得了客户的认可与厚爱的。

传奇故事即将在下一页开启。

雷克萨斯星丘店的经营之道：

无他，唯有服务至上。

第3章

没有不知道，没有做不到

一双丝袜的故事

采访中，专务董事山口峰伺半开玩笑地对我说："听上去好像有点儿自吹自擂，但是我们店里接待人员的水平绝对是一流的。"

在星丘店里，有 15 名被称作接待人员的女性员工。星丘店使用"接待人员"这个称呼，是为了有别于普通经销店里的"前台"。接待人员不仅要安排到店客人的接待事宜，还要端茶倒水，甚至负责所有联络电话和邮件。山口峰伺自开店准备阶段起一直负责指挥工作，他给我讲了一个小故事。

一天，山口董事与一对已经购买了雷克萨斯轿车的夫妻坐在大厅里谈话时，看见一个接待人员安静地走到他们身边，悄悄地把什么东西递到了那位夫人的手中。夫人最初露出一点儿惊讶的表情，但很快恍然大悟，并用几乎难以察觉的方式向接待员轻轻点头以示感谢。

“那到底是什么东西呢？”山口董事百思不得其解。正在这时，那位夫人说了一句“失陪了”，就转身走向洗手间。过了片刻，又好像什么都没有发生一样回到座位上。

山口实在太想知道个中究竟，于是等送走客人后，叫来了递东西的接待人员，问她到底给了客人什么。原来，这个女孩在给两位客人上咖啡时，发现夫人右腿上的丝袜跳线了。对女性而言，丝袜跳线是一件很尴尬的事情，而且跳线的地方会不断扩大。为了避免这样的尴尬，所有接待人员都在自己的包里放有备用丝袜。

可惜这位接待人员的丝袜和客人穿的丝袜不是一个颜色，而且因为自己要负责接待，也不能离开。于是她立即用无线耳麦联系到其他接待人员，让同事尽快去旁边的三越百货买一双同样颜色的长筒丝袜。

从同事那里拿到丝袜后，她尽量做到不引起任何人的注意，一边将丝袜从桌子下面递到夫人手中，一边耳语道：“这是我的备用丝袜，如果您不嫌弃，请换上吧。”之所以这样悄悄进行，是因为她考虑到即使夫人不介意让自己的先生知道此事，毕竟同桌的还有山口董事和销售人员，两位都是男性，更何况店里可能还有其他客人碰巧正向这边看。于是这位接待员在一秒内做出了正确的判断：第一不要被任何人发觉，第二不要给客人造成任何负担，第三则要迅速。

听了这个故事，我终于明白山口董事为什么会对星丘店的接待人员备感自豪。在她们身上，有一种女性特有的细致和优雅。只有设身处地为对方着想，才能做出如此举动。近年来，“待客之道”一词出现频率很高。就个人而言，我觉得上面这个小故事绝对是“待客之道”的经典案例，应该收录到相关的典范教材之中。

我和清水香合女士也聊到过这个小故事。清水也是一名接待人员，而且毫不逊色于上文提到的女主角。她现在担任课长的职务，同时兼任礼宾主管。清水表示自己非常崇拜 “丝袜小插曲”中的那位资深接待人员，并且视她为自己工作上的榜样。经过几年的锻炼，今天的清水终于有了可以和前辈比肩的自信。而回想刚入职的时候，她说自己只有想法，缺少行动，而且最初的每一天都过得十分煎熬。

活的电话簿

清水来星丘店前，在奢侈品商店供职。她素来喜欢从事服务工作，也计划进一步提升自己的职业规划。恰逢此时，她得知星丘店在招募接待员，就于开业第二年来这里应聘上岗。

清水满心憧憬有所作为，却没想到店里给她安排的竟然是后台工作，这令她大失所望。虽说接待员所做的工作也是必不可少的，但是简单来说就是一个接线员。从早到晚，办公室电话铃声不断。即使是周一到周五的工作日，每人每天处理的电话也不少于 100 通。

我私下里向清水的上司询问了她当时的情况，对方说："清水姑娘刚工作时无时无刻不在发牢骚，说什么再也受不了坐在四方格子里面一天到晚接电话了，还要求我们安排她直接面对客人。"

店里尝试着安排她做一对一接待。没想到，清水上来就摊开一本画着超萌卡通人物的笔记本，然后用高中生一样甜美撒娇的声音说："我该说些什么好呢？"不要说去做接待工作了，她看上去甚至还没有做好步入社会的准备。

上司感觉到清水的确存在很严重的问题。

不久以后发生的一件事，让清水本人也清楚地认识到了自己的不足。

“我永远不会忘记，那是LS460车型刚刚开始发售时发生的事情。那段时间我们每天都忙到崩溃。”

有一天，清水接到了一位客人打来的电话：“我现在想去那边试驾一下LS轿车，能预约上吗？”清水马上向负责试驾体验的同事确认今天是否还能约上。对方说没有问题，于是她就这样直接回复了客人。但是没想到事情很快发展到无法控制的局面。

当客人来店提出要试驾时，清水才发现试驾车此刻不在店中。她犯了一个特别低级的错误。虽然今天还可以预约试驾，但是体验的客人很多，她没有和同事确认可以试驾的时间。客人生气地说：“我明明提前打过电话，为什么来了却不能试驾！”而清水接着又犯了接待人员的另一个大忌：她没有马上向客人承认自己确认预约时犯了错，而是忙着联系同事，对客人置之不理足足15分钟。客人最后气愤地拂袖而去。

事后赶回来的销售人员对清水大发雷霆：“本来是一位

有购买意向的客人，好不容易推进到试驾之后就能签约的阶段，全让你搞砸了！”这一天，清水痛哭了两个多小时。

发生这件事后，妥善处理丝袜问题的那位老员工给清水提出了宝贵建议：“你一定要确认好每一件事情！如果做不到，那么以后一定还会发生同样的问题。”从那以后，清水努力做到反复确认，以保证万无一失。想到客人都是在百忙之中抽出宝贵的时间来店，清水就尽量在接电话时做到尽可能细致地询问，以此为客人节约时间。

比如，当有客人预约前来进行半年或一年的例行检修时，清水不会只是确认预约的时间，而是会进一步询问客人最近有没有发现车子有什么异常情况。对方也许会回答：“既然你提到了，我好像发现发动机有些异响。”这时，清水还会进一步确认：“什么时候出现异响呢？是只有雨天如此还是平时也会有，是在高速路上行驶时，还是在弯道行驶时？”为了让负责维修的员工更好地接手这项工作，清水会尽快而全面地收集好所有信息。这样一来，检修的时间就可以缩短，客人也会很满意。

清水终于学会了一点：即使自己从事的是后台工作，也应该尽自己的努力把事情做到极致。终于，她的这种服务精神使接线员的工作也绽放出不同凡响的光彩。

清水在接电话时，总是试着想象电话线另一端客人的情形。铃声响后，她不是下意识地立刻接起，而是在想自己能不能做得更多。于是，她想到了一个可以改善的地方。每当客人打来电话时，话机上都会显示来电号码。按照流程，她应该接起电话说："感谢您致电星丘店，我是接待人员清水。"而为了更好地服务，她决定有意识地记住每个电话号码对应的客人的名字。任何号码，只见过一次肯定是很难记住的。但是当她见过几次并且确保已经记住后，她会在拿起听筒时直接称呼客人的名字问候："铃木先生您好""田中先生您好"。

这样的情况越来越多。终于，有的客人会忍不住问"你是怎么知道我的姓名的"，还有的客人会对电话另一端未曾谋面的接待人员产生好奇心，甚至有人专程赶来，想见见清水，因为她从未见过自己却能在电话里准确地叫出自己的名字。

清水说："我只在有十二分把握的时候才会直接用客人的姓名问好，因为万一出错的话就太不礼貌了。"而她有十二分把握记住的电话和姓名正以几十个、几百个的数量递增。后来，星丘店对电话系统做出了调整，显示屏上会同时显示电话号码及客户姓名。这样一来，无须记忆，接待员就可以在第一时间称呼客户姓名问好。而之所以会有这样的改变，正是受到了清水的启发。不过，迄今为止，还没有哪个电话机可以根据客户的声音将姓名与号码等信息自动联系在一起。

以客户为老师

时间过去了一年半。清水终于可以如愿以偿地直接接待客户了。她充满喜悦和期待，投入崭新的工作。但是当她看到一份来自客户的调查问卷时，不禁惊呆了，问卷上写着这样一句话："店里女性员工缺乏相关知识，作为汽车经销店的员工，却连一些基本问题都回答不出来。"

清水受到很大的刺激。尽管问卷上没有写她的名字，但是清水猜也猜得出来说的正是自己。她强烈地希望能够直接面对客户，可是自己并没有接受过系统的培训。不要说是雷克萨斯的相关知识了，她对汽车都知之甚少。当时店里的其他员工都有很多相关工作经验，是从Netz东名古屋公司各经销店中选来的出色员工。接待员里，唯有清水一人是菜鸟级别的新人。

受到刺激后，清水开始拼命恶补。她不仅仔细阅读所有商品图册和使用说明书，下班之后，还常常缠着维修人员问这问那，了解发动机等部件的相关知识。有一次在接待客人的过程中，聊到了胎压的话题。客人问清水充气时应该打多少气，清水回答不出，特别有挫败感。当天晚上下班后，她就找到维修人员请教，还亲自尝试充气调整。清水一边忙着充气，一边还拿出白天遇到的各种疑难问题请教维修人员，例如保险杠是什么材质的，自己也在不断重复，帮助记忆。

听到这里，我问了清水一个有点儿难回答的问题。汽车的相关知识是如此复杂，岂是一朝一夕可以掌握的。而且，不仅是汽车知识，接待客人时各个方面都需要很高的水准。对方毕竟是雷克萨斯这种高级轿车的车主，想必外出旅行时都会乘坐一流的交通工具，住高档酒店的套房，已经习惯了享受顶级待遇。过着平凡普通生活的接待人员，如何才能提供令此类客人满意的顶级服务呢？

清水非常坦诚地告诉我：“的确，我有很多不明白的地方。遇到这样的事情，我都会真诚地向客人请教。雷克萨斯的车主不仅仅是普通的富裕阶层，他们都有一定的社会地位，待人和善，品格优秀。我从客户那里学到了很多很多。”

在和客户接触的过程中，清水会非常主动地进一步了解客人提到的餐厅、音乐以及图书的信息。当客人提到某处经营京都怀石料理的餐厅时，清水不仅会记住名字，有机会还要亲自去品尝一下。当有客人利用保养汽车的时间在大厅里读书时，清水会轻声询问，如果客人不介意的话就请他们将书名告知，然后在客人下次来店前，她会买一本同一作者的书研读。甚至，有一次当她听说客人去听了维也纳爱乐乐团的演出后，自己也立刻买了票去听音乐会。但是因为是巡演，清水居然一下子跑去了神户。清水苦笑地回忆说：“当时天天恶补各种知识，不过为此吃一顿 5 000 日元的午餐还是挺破费的。”

365 日全天候服务

就在清水不断钻研如何更好地为客户服务时，发生了一件有意思的事情。

一天，清水下班路过她家附近的超市，看见路边停着一辆奔驰和一辆雷克萨斯RX轿车。因为是两辆豪车，所以比较引人注目。当时还有两个男的正站在车旁说话。清水一开始并没有放在心上，而是径直走进超市买东西。就在购物的过程中，她突然想起了什么。“刚才的车号莫非是我们店客户的车？”于是，她立即打电话到星丘店，拜托还在工作的同事紧急查一下资料。“是一辆白色RX轿车，车号是××××，麻烦你帮忙看一下是不是××客户的车。”事实证明清水记得完全正确。这时的她已经可以记住许多客户的车牌号了，连电话一端的同事也对她的记忆力表示惊讶。

确认了这一点后，清水立刻走出超市来到路边，两位男士还站在原地。清水试探地向其中一人问道：“请问，您是××先生吗？我是雷克萨斯星丘店的员工，您这里发生什么事情了吗？”那位男士回答说：“哦，没什么大事……实际上出现了一点儿小问题。我把人家的车撞了，现在正要想办法解决呢。”清水看了一眼，应该属于追尾事故，双方车辆只有轻微的剐蹭而已。于是她立即打电话到星丘店，说明情况，等待上司的进一步指示。在等候期间，清水也主动去和奔驰的车主打招呼，并且向他介绍了该如何向交警递交事故处理单、如何保险理赔、如何修理等一系列后续工作的流程。

事后，雷克萨斯车主向清水表示万分感谢。因为当时奔驰车主态度很强硬，看起来很凶，根本无法正常对话。再加上责任在自己，所以格外无所适从，不知道如何处理才好。而这时，清水的出现仿佛天使降落人间。对方看到有这样一位年轻貌美的女性前来调和，态度立刻发生了改变。雷克萨斯车主的原话是："从来没有想过，当自己不安时，有一个人在身边会是这么大的安慰与支持。真是太感谢你了！"

无心插柳柳成荫。没想到为了接待而强记的各种信息，在关键时刻解了车主的燃眉之急。不过，记电话号码需要多强的记忆力呢？清水是不是有高于常人的智商呢？她自己的解释是："我的脑子算不上多么好。在工作的过程中，客人车子的型号、款式、颜色和生产时间就会不知不觉地记到心里。在这个基础上，再加上车牌号就齐全了。我真的没有特别刻意地记，只是因为我随时都想着怎么才能面对客户，做一个更好的自己，所以自然而然就做到这些了吧。其实不止我一个人，所有的接待人员都在努力记下客人的信息。当然，不可能一下都掌握，而是一步步循序渐进。”

听完清水的故事，让我感到吃惊的并不是她出众的记忆力，而是她在业余时间都没有忘记客户。这件事发生在一天繁忙的工作结束之后，发生在她拖着疲惫的身体回家的路上。可见她不仅将星丘店视为自己的工作地点，更是以365日全天候服务为自己的准则。

礼宾服务不能说“不”

清水的名片上印着“礼宾主管”的头衔。与酒店的“礼宾主管”职责相同，这是一个需要满足客户所有需求的职务。清水说自己的目标是“可以回复客户的一切问询”。但是我很好奇，毕竟人无完人，这样的话怎么听都像是一句高姿态的口号。于是我问她：“如果真的有不明白的地方，你要怎么办？”“我会马上去查，直至查到答案为止。”

在店里，客户提出的最常见的问题大都与行车路线有关。客户要去某地旅游，想知道走哪条路最不易堵车，用时最短。按理说，这些路线客户完全可以自己查，但是他们会因为手边事情太多，而拜托接待人员做这些原本秘书应该做的事情。特别是一些上了年纪的客户，他们还不大习惯使用导航，这时就需要接待人员把路线写在纸上交给他们。

有时候，客人想去看电影，便会问接待人员在哪个影院看几点开始的场次比较合适。对于这样的问题，接待人员也会很乐意为其解答。不过，有时客人的问题会比较奇葩。前几年，日本有一部热播的电视剧《家政妇三田》，一位客人当时居然问接待人员："我想要一个电视剧里三田小姐拿的手袋，你能帮我想想办法吗？"清水听到这样的问题都吃了一惊。但是既然自己已经把"礼宾"定义为不允许说"不"的工作，那就要想尽办法替客人找到同款手袋。

清水在网上查到了很多购买链接，手袋的确可以网购。但是由于电视剧的热播，手袋大卖，几乎所有地方都卖断货了。清水仍然不肯放弃，又给电视台打了电话："我太想要那款手袋了！我也知道现在已经卖断货了，但是能不能请你们再想想办法呢？"电视台也有电视购物部门，工作人员居然在那里找到了仅存的一只手袋。清水立即请电视台把手袋寄送给客户，客户当然是喜出望外。

听了清水的故事，我立刻想到了丽思卡尔顿酒店日本分公司前任总裁、“人与待客之道研究所”所长高野登先生给我讲的一个故事。

波士顿的丽思卡尔顿酒店曾经和歌剧院一起推出了一项活动，即在歌剧院间休时，观众可以到酒店享受美味佳肴。然而，由于歌剧院方面的疏忽，几组预约被安排到了餐厅休息日。几位客人来到酒店用餐，却吃了闭门羹。厨师休息，没有食材。这简直是一次始料不及的事故。

但是酒店本着“不能说不”的原则，采取了一系列补救措施。首先，他们紧急将酒吧一角按照餐厅的样子摆好台，然后让客房服务部的员工找出厨房里所有的食材，尽全力为客人呈上现有条件下最高水准的晚餐。时间紧迫，不要说想对策的时间了，就连具体准备的时间都特别仓促。酒店之所以可以在短时间内应对突发事件，正是因为丽思卡尔顿酒店一直奉行“不能说不”的宗旨。

我还想举一个类似的例子，关于石川县和仓温泉的加贺屋日式旅馆。这家高档日式旅馆连续34年位居“专业人士推荐的全日本百家最佳酒店”榜首。在这里，也有一条“不能说不，不能说没有”的原则。

客人的要求总是五花八门，比如在宴会进行中突然想喝某个牌子的清酒。加贺屋常备50种以上的佳酿，但如果这里面没有客人想要的酒，他们通常会派人驱车前往附近专营酒水的商店为客人购买。还有的客人换了枕头就不容易入眠，为了适应客人的各种需要，他们专门设计了一面是填充颗粒一面是羽绒的枕头，这样客人可以选择自己喜欢的一面，高枕无忧。除此之外，酒店还备有较低的枕头、较硬的枕头、较软的枕头和荞麦皮枕头。就连男士的单层和服，他们也准备了12种长度、4种肥度的款式。这些都是他们“从不对客人的要求说不”的最佳体现。

话虽如此，丽思卡尔顿和加贺屋毕竟都属于酒店业，他们奉行“不对客人说不”的信条还有一定原因。但是雷克萨斯星丘店的本职工作是销售汽车，而他们的接待主管居然也沿用了和酒店业一样的称呼——礼宾主管，居然也奉行和酒店业一样的准则——不对客人说不。由此可见，星丘店是多么重视客户服务。

职务成就个人

清水香合如今堪称同行的典范，听过她的故事后，我了解到她也是从零开始，一步一步地成长到今天。清水到星丘店上班后，很长一段时间里工作没有任何起色。就在这时，当时的上司对负责具体工作的人建议："让清水当主管吧。"这对当时的清水而言，完全属于破格提拔。人事部经理对此持有异议，直接表示出担忧。但是清水的上司力排众议，竭力促成此事，给了她一次宝贵的升职机会。没想到清水立刻表现出卓越的实力。

清水当时的上司笑着回忆说："也许她是因为担任主管之后责任感增强，所以格外积极吧。走马上任后，她的工作状态令人刮目相看，的确特别优秀。"

我在采访清水的过程中，也曾被她的话语打动："礼宾这个工作并没有一个特定的职责范围。不过，我一直把星丘店的 3 500 位客户都视为我的服务对象，我希望通过自己的努力，做到了解每一位客户。"

这是一句发自肺腑之言，但不是谁都可以说到做到的。从事商务工作的人员，每个人都会有负责的客户，每个人都会有工作定额。虽然嘴上说着"要考虑公司整体利益"，但是通常应付自己的工作几乎就会消耗掉所有的精力。我可以看出清水在努力让自己成为雷克萨斯星丘店的一个代表，这些都反映在与她有关的一个个细节中。而有这种敬业精神的人，一定会成为公司里最优秀的员工。

清水还有一句打动我的话。她在提起那个买丝袜的接待人员时说道："当我心中有一个令我敬重的偶像时，我便希望自己到她的那个年龄时可以超越她。这就是我的目标，我要超越自己心中的偶像。"

在这个社会上，人们会设定不同的奋斗目标。有的人想年收入超过1 000万日元，有的人想买一幢独栋别墅，还有的人希望得到晋升。而清水的目标不是金钱，也不是物质，她需要的是不断提高自己独到的待客之道，从而实现自我成长和飞跃。

在我和清水交谈的过程中，她突然有一瞬间眼圈发红，一行清泪流过脸颊。我不禁心中一凛，担心是自己的哪句无心之言伤害了她。最后才发现是自己多虑了。原来，当清水组织语言回答我的问题时，心中想起了印象深刻的客户。她投入的感情太深，自然而然会心头一热，落下泪来。这是一个多么感性的女子！能拥有这样的员工，实在是星丘店的一大幸事。

雷克萨斯星丘店的经营之道：

时刻谨记：为客人做到最好。

第4章

用心拥抱每一个人

星丘店的副店长伊藤明子女士于1991年进入KIRIX集团，连续8年担任集团创始人山口春三的秘书一职。此后，她离开集团，作为日本经营协会的一名讲师，专门讲授礼仪和秘书工作技巧等。就在她活跃在讲台上时，山口春三向她发出了邀请："我们要创建一家雷克萨斯店，请你考虑一下是否愿意回来。"于是，伊藤作为精锐团队的一员，从星丘店落成之日起就和大家一起投入工作。

由于多年从事秘书工作，伊藤已经养成了一个习惯，那就是随时随地"超前思维"。秘书是幕后工作人员，不能因为自己工作不到位而让在台前亮相的领导蒙羞。一个团队的领导每天日理万机，作为秘书要做到让他们不用再分心考虑多余的问题。因此，领导还没有说到，秘书就应该用"超前思维"考虑到，此外也要提前做到。

比如，逢年过节，要提醒上司，最近和××先生业务往来频繁，私交日益密切，是不是应该准备一份礼物聊表心意。同时，在上司没有提出之前就应该着手准备。“要做好服务就不能走常规路线，不能按照固有的程序行事，而应该随时思考对方可能有什么需求。我这个人不喜欢做和别人一样的事情，这个性格也影响到我的工作态度。”

雷克萨斯星丘店接待的客人，绝大多数是以家庭为单位的。开业 10 周年之时，那些陪着父母从开业之时便经常光顾的孩子们也已经长大成人。伊藤认为员工应该记住他们的名字，用他们的姓氏直接打招呼问候。同时，要记住他们从小爱喝的饮品。比如，为他们做一杯冰巧克力，递到手里，想必对方会惊喜地发现居然有人了解自己的口味。孩子满意，父母必然会加倍满意。

尽最大的努力

伊藤明子有一个口头禅：“让我来想想办法”。下面这个小故事最能体现她的这个特点。

在一个春暖花开的日子，某位雷克萨斯RX轿车的车主来找伊藤商量：“我想准备一份母亲节的礼物，但遇到点儿问题，你能帮我想想办法吗？”

雷克萨斯有一系列自己的相关产品，包括陶瓷制品、包、首饰、太阳镜和高尔夫用品等，种类很多，而客人在这些产品中单单相中了一把遮阳伞。这是一位很有品位、对细节也有很高要求的客人，这把遮阳伞基本能满足他所有的要求。伞面部分涂有陶瓷粉末和活性炭粉末，前者可以减弱日光的灼热感，后者则具备负离子净化空气和除臭的功能。伞把部分使用了枫树木材及牛皮，即使是握力不够的老年人用起来也会十分顺手，这个设计也是客人最满意的地方。

然而，就在客人订货并要求刻上母亲姓名时，发生了一件令他不满的事。原来，公司方面只能做到把姓名贴在伞把上。而这样一来，这件产品的品质就会大打折扣，特意使用实木和牛皮制作伞把的精到之处也会被完全抹杀。其实，产品手册上对订制时添加姓名的要求就是这样规定的，无论在全日本哪家雷克萨斯经销店购买，都应该是同样的处理方式。这时，伊藤说起了她的那句口头禅：“让我来想想办法！”规定是规定，但是不是可以想办法变通一下呢？

于是，伊藤直接联系到遮阳伞的制造商——位于福井县的福井阳伞公司，从他们那里寻求帮助。虽然这一举动不符合规定，但是为了帮助客人表达对母亲的感激之情，伊藤还是拜托福井公司想一个妥善的办法。

没想到，福井公司的人也被伊藤的热情所感染，帮助她为客人制订了一个独一无二的方案。他们在遮阳伞的伞布上绣上了客人母亲的姓名，还特意绣上“祝喜寿”（77岁为喜寿）的字样。虽然价格略微高于普通产品，但是订制的效果非常符合遮阳伞的整体设计。向伊藤寻求帮助的客人，也被她明知不可能而为之的举动所感动。

伊藤还有一件小小的轶事。她说，客人和自己的关系越是亲近，就越会在最需要帮助的时候来找她。这种亲密关系带来的直接结果，就是客人对她的要求会越来越高。但是伊藤不觉得麻烦，反而觉得这才是她工作的价值所在。

有一天，一位雷克萨斯SC轿车的车主打来电话，点名要找伊藤。通过他的声音，就能感觉到焦虑和不安。原来，这位车主因工作需要驾车到北海道出差，第二天有一个必须出席的重要会议，所以需要走高速公路赶回。然而，因为台风登陆本州岛，高速公路全线封闭。客人又没有获得太多相关信息，所以向伊藤紧急求助，看看该如何是好。

实际上，当时雷克萨斯车型已经加载了一种非常方便的远程车载通信服务，名为“G-link”。只要摁一下按键，无论在日本的哪个角落，都可以直接连线雷克萨斯总部的车主服务平台。

通常，我们拨打银行或保险公司服务中心的电话时，等待我们的是一长串的录音提示，例如“有关储蓄的问题请按7”。这样一遍又一遍、一级又一级地听录音提示，不仅没有解决重要的问题，还让人忍不住产生烦躁情绪。雷克萨斯车主服务平台的独到之处就在于，它提供的是全天候24小时的真人电话应答。车主遇到交通事故或汽车故障时自不必说，即使出现生病或受伤等紧急情况，服务中心也会联系警察或消防局急救中心，为车主提供最及时的服务。除此之外，告知交通拥堵情况也属职责范围内。偶尔有车主会来电咨询电影上映场次，甚至拜托预订餐厅，服务中心也会如同店内“礼宾人员”一样尽到职责。

不巧的是，那位因台风不知何去何从的客人，其“G-link”合约刚刚过期。于是，他第一时间想到了伊藤明子。伊藤挂上电话之后，立即利用网络和电话收集所有可以收集到的天气实况及道路信息。由于台风在不断变化，可以通行的道路很难确定。因为不知道什么时候会封闭哪段高速公路，伊藤认为客人驾车走高速公路返回名古屋的风险较大。时间一分一秒地过去，她必须尽快给客人一个答复。

这时，平日里那种“让我来想想办法”的精神帮助伊藤想到了一个更好的办法，她立刻给北海道札幌新千岁机场的一家租车公司打去电话。这倒不是因为她在那家门店有什么熟人，只是伊藤考虑到，汽车租赁公司每天要接待从全日本各地飞来的客人，他们应该会随时掌握全日本范围内的天气、道路及航班信息。

伊藤的推测得到了证实。由于当时的气象情况，日本各地出现了大面积航班延误，但幸运的是新千岁飞大阪的航班尚未受到影响。租车公司给伊藤的建议是，客人可以将车存放在机场，先飞到大阪，然后从大阪乘坐新干线或租车返回名古屋。实在不行，乘坐出租车也可以赶回去。伊藤即刻将这个方案告知客人，客人直奔机场，几经转乘，最终赶上了重要会议。不用说，这位客人事后也向伊藤表示了真诚的感谢。

“拥抱”客户，赢得信任

集团董事长山口春三将雷克萨斯的理念悉数编入一本名为《WAY——顶级思维》的宣传册中，而执笔人正是伊藤明子。由此可见，伊藤对山口董事长的经营理念应该理解得最为透彻。在宣传册的第一页上，印有这样一段“雷克萨斯宣言”：

雷克萨斯宣言

我们要将拥有世界上最辉煌炫丽的雷克萨斯，打造成超越轿车本身、成为拥有者生活方式的品牌。

我们要通过提供的优质服务，为客户带来一次又一次的“感动”。

我们要怀有一颗努力“拥抱”客户的心，以我们的待客之道实现前所未有的“打动人心”的最佳服务。

我被这段文字中的“**拥抱**”一词吸引。听到“拥抱”，我们自然会联想到人与人面对面搂抱在一起的动作，属于一方对另一方表示友好的非语言行为。而雷克萨斯星丘店将超越顾客期待的服务定义为某种意义上的“拥抱”。为熟悉的客人以最快的速度完成检修是一种“拥抱”，在第二次见面时能够称呼客人的名字是一种“拥抱”，记住客户的孩子的年龄和姓名也是一种“拥抱”，还有看起来极其简单朴素的握手及微笑，这些迎接客人的举动，都是一种“拥抱”。

星丘店没有将客人简单定义为生意上的客户。他们将每一位客人都视为自己值得珍惜的朋友，抑或座上贵客。竭尽全力热情招待这样的朋友和贵客，就是雷克萨斯星丘店给客人的“拥抱”。

伊藤明子说：“因为董事长的努力，我们每天能有幸见到这么多客人。这种相见，不仅限于在经销店中，从某种意义上说，也是我们自己的人生与客人的人生产生的一个交集。当然，我们的相见是因为雷克萨斯轿车的缘故，但汽车只不过起到一个媒介的作用。我们对客人，同时客人对我们，都对彼此产生很大的影响，我们对彼此都十分重要。所以，客人是我们的友人，也是我们家里的贵客。我们会和客人同欢喜共患难，对客人的一切都感同身受。”

接着，她讲了一个感人的小故事。

有一位星丘店的客人，前后买了 4 辆雷克萨斯 GS 轿车和4辆LS轿车，下一个梦想是坐上新款的跑车。然而，天有不测风云，他患上了白血病。虽然接受了治疗，最后还是因病去世了。家人都很悲痛，伊藤明子的心里也非常难过。

在客人的葬礼上，悼词里甚至有这样一句话："他曾经是那么期待坐在红色的跑车中。"这位客人对跑车的热爱可谓尽人皆知。在他头七的那天，伊藤准备了一件特别的礼物前去拜访亲属。这件礼物是一个带八音盒的相框，播放的是客人生前最爱的乐曲。伊藤把相框放在灵前，相框里是客人曾经计划购置的红色跑车的照片。

伊藤还特别担心客人的遗孀，从此以后，她只能孑然一身，形单影只，每每想到这一点，伊藤就感到心中一紧。虽然不能为客人的遗孀做太多事情，但是她还是想通过拜访和问候，和家属们共同度过这段难熬的岁月。

体察对方的心情，无论是对故人，还是对其家属，都以真心相待，视如自己的家人。这就是星丘店所提倡的心灵上的"拥抱"。

拥抱身边的每一个人

星丘店的这种“拥抱”不仅适用于客人，他们会以一种“拥抱”的姿态对待自己身边的每一个人。例如，所有的经销店都有负责日常维护的公司，通常被称作“物业”——这个词里面或多或少有一点儿居高临下的感觉。伊藤和物业公司打交道时也会用“拥抱”的方式，而且这不是随随便便、打打闹闹的感觉。这种“拥抱”使她和物业公司之间，很自然地形成了相互信赖的关系。

有一次，星丘店的自动门出现故障，影响到客人进出，必须立刻修理。然而，致电承包商后，对方回复说不能马上赶到。这时，伊藤的脑海中立刻浮现出承包商下属物业公司的名字。因为在之前出现类似问题时，他们曾经来店里做过维修。

凭着记忆，伊藤给物业公司打了电话，说明自己现在的情况，没想到物业公司立刻派人赶到店里。之所以会这么积极配合，是因为之前物业前来维修时，星丘店没有仅仅把工作人员当作修理工对待，而是像对待客户一样送上热茶。此外，谈话内容也不仅限于工作，而是十分真诚地聊些有意思的话题。物业公司的人对星丘店印象深刻，清楚地记得上一次过来维修“是日本棒球读卖巨人队获胜那天的事情”。对方能记住当时的情形，伊藤也特别欣慰。在这里，没有客人，也没有“物业”的概念。星丘店的员工面对所有与自己相关的人，都会以真心 “拥抱”。因为没有心中的隔阂，在困难的时候才能相互扶助。

“拥抱”还是一种信任，是将自己的事情全部托付给别人的勇气。

有一位刚刚参加完交车仪式的客户，告诉伊藤今天是妻子的生日，夫妻二人要开着新车去旅行。伊藤将客人送到门外，道过“一路平安”后，目送客户夫妇驱车离去。这一刻，她并不是结束了一项工作，而是开始了另一项新的工作。就在刚才送行时，伊藤无意间瞥见客人导航上设置的目的地，那是一家位于静冈县浜松市的酒店。伊藤立刻拨通了酒店的电话。

伊藤向酒店表示，想要为即将在几个小时后到达的客人准备一份小小的生日礼物。她在这家酒店并没有熟人，也没有朋友，但是作为服务业的同行，双方从一开始就能感觉到可以相互信任。酒店对礼物提出了好几种建议，比如鲜花、红酒，还有百年名店“今治毛巾”的高级礼盒。伊藤立刻决定选用毛巾礼盒。当酒店询问毛巾的颜色和花纹时，她介绍了客人的年龄、兴趣爱好及生活方式等细节，然后果断地说：“选择什么式样就全权拜托您了！”电话另一端的服务人员也高兴地回答：“没问题，全交给我们吧！”那种被人信任的愉悦之情隔着多远的距离都可以感受得到。伊藤请酒店将账单寄到星丘店，然后放心地挂断了电话。素未谋面的人之间也可以有这种真心的“拥抱”。

“拥抱”同样适用于一起工作的同事之间。在任何一个组织内部，都不可避免地存在各自为营的现象。每个部门的各自为政，都会影响到公司整体的业绩。星丘店大致分为三个团队，分别负责接待、销售和维修。过去，三个团队的成员之间，即便有不明白的地方，也羞于启齿去请教别人。星丘店也一度出现过人际关系紧张的阶段。

但是，伊藤明子从来不理会这些，她总是那样直截了当地“拥抱”别人。

有一次，一位销售人员因为被客人投诉，不得不给对方写道歉信。客人是大公司的老板，而曾经多年为董事长做秘书的伊藤明子最擅长写商务书信。虽然销售人员没有开口，伊藤还是主动提出帮忙看看他写的草稿。现在的年轻人很少有写信的机会，所以那封道歉信写得完全不符合格式要求，遣词造句不得体，字里行间也缺乏诚意。而道歉信最重要的恰恰就是要表达自己的诚意。于是伊藤坦率地告诉当事人："如果我是那位客人，肯定不会从你手里买车。"

听到这里，我不禁吃了一惊："您居然说出这么严厉的话？"伊藤笑着说："我们公司现在的气氛完全可以这样坦诚相见。小伙子后来听了我的意见，修改了道歉信。"

"拥抱"是友情，"拥抱"是信任，"拥抱"是设身处地为他人着想的心。"拥抱"就是有这样丰富的含义。

竭尽所能，不露痕迹

而最理想的"拥抱"，是要在不给对方增加心理负担的前提下，在对方的心里留下印记。

高级酒店会给客人营造惊喜，这一点也引起过人们的热议。的确，惊喜会带来感动，但是雷克萨斯星丘店不能照搬这样的方法。因为雷克萨斯店的客人都是创造出事业巅峰的人生赢家，无论从哪个方面看，都比接待他们的店员视角更高。对于这样的客人，过犹不及。如果超过了“度”，会给客人造成心理负担，反而会让客人想着要去顾及工作人员的感受。他们会因为店员做了“分外的工作”而反复表示感谢，但是他们的真实想法不一定能够猜透。也许他们会觉得那是“过分的热情”，或者“多余的帮助”，也未可知。因为这些客人不会轻易表露出内心的不满，他们只会考虑到年轻人为自己做了那么多努力，必须要表示感激之意。如此一来，岂不是反过来要客人迁就自己？

伊藤也承认掌握“度”的确不是一件易事。“这就是我们为什么一直在追求做到极致，却又不露痕迹。在这方面，每个人都要加强技巧。”在待客之道上，没有最好，只有更好。没有完成，只有完善。

雷克萨斯星丘店的经营之道：

每位客人都是我们的朋友，我们的贵宾。

第5章

革新源于对细节的关注

不刻意而为的销售冠军

八色飞鸟先生自进入公司以来，做了12年销售工作。在其职业生涯的第三年，因为销售成绩名列第一而被调到雷克萨斯星丘店的开业筹备部门。

我坐在八色先生身边，完全感受不到大多数金牌销售身上散发出的那种能量和自信，唯一能感觉到的是特有的一股认真劲儿。和八色聊天是一件非常愉快的事情，但是他绝不属于口若悬河、侃侃而谈的类型。我不禁好奇，这样的人是如何成为销售冠军的呢？

打个比方来说，在高级酒店做事的人，通常年纪轻、工资少，出门旅行的时候住高级酒店的可能性很小。但是，他们所服务的客人都属于不同于自身的另一个阶层，出门必乘头等舱或头等座，选择的酒店不仅高级，还常常住套间，早已习惯了接受顶级服务。而过着普通人生活的酒店服务生，如何能提供令这些上层人士满意的服务呢？

八色先生对我说："其实我想的和您一样。说句老实话，有钱人的生活我也不了解，只是因为从事这样的工作，每天耳濡目染，多少明白了一些。我觉得这些对我本人的成长也很有帮助。"看到我有些迷惑的表情，他继续解释道："我觉得身处社会各个阶层的客户对我们的满意度，与他们拥有的财富并不成正比。我只需要做到关注细节，设身处地地为他们着想，他们一定会满意的。"

八色给我讲了一位70多岁的女士购买雷克萨斯CT轿车时的故事。那位客人虽然上了年纪，但是身姿挺拔，驾驶技术也很高超，多年来一直只开奔驰。在还没有签约的时候，八色就注意到客人阅读产品宣传图册时，一会儿拿近，一会儿拿远。看到这一幕，八色记起了祖父母曾经说过的话："说明书上的字印得那么小，看不清还不说，现在这年头儿什么都动不动就写成英语。""空调遥控器为什么非要写上ON和OFF啊，写成开和关多好！"

想到这里，八色立刻行动起来。他跑到文具店，买了白色的即时贴，用油性笔写上较大的文字。例如在"AC"

的按钮上贴上“空调”，在“AM/FM”的按钮上贴上“收音机”。除此之外，他还做了十几个标签，用于标注“开窗”“关窗”“设置目的地”等指令。

这件事令客户非常感动，这位优雅的七旬老人完全变成了八色的粉丝。连八色自己也没有想到，这么微不足道的事情，居然能让客人如此满意。这件事后来在销售人员中被传为佳话。八色说，每当这种时候都会格外感觉到，客人的满意是自身成长的动力。这就是面向成功人士应该提供的服务。

八色的细致周到还促成了星丘店的一项改革。

如今，不仅购买电脑和手机等通信工具时会发现说明书厚得惊人，随便一样电器产品都会附上沉甸甸的说明书。实际上很少有人会读完这些才开始使用产品。尽管有时候不读完真不会操作，但多数时候，我们只会看其中的一部分。例如捧着一大本录像机的说明书，却只看到预约录像那一页就丢在一旁。

轿车的说明书也是一样。年老的客户自不必说，大多数客户都没有耐心从头读到尾。很多客户会在办理提车手续时对星丘店的员工说：“我太忙了，就麻烦你给我介绍一下这个和这个的功能吧。”

于是八色着手制作了纯手工版“简易说明书”，一份一份送给客户。在制作有关仪表盘的页面时，他从完整版说明书和产品介绍里把相关的图片及插图一点点剪下，粘贴起来，然后在旁边配上打印的“八色自制超简单说明文字”。八色注意到说明书上的专业用语太多，例如“挡位切换”，有的客人看不懂，他干脆把这样的文字“翻译”成“挂挡”，客人更喜欢看这样直接的表述。八色制作的说明书仅有几页，读起来非常简单易懂。

这个删繁就简的工作，让客户们心里又熨帖又满意，而八色的粉丝也因此越来越多。因为这件事情得到广泛好评，现在所有雷克萨斯店都制作了对应各个车型的“简易说明书”。不同的是，现在的说明书已经不是剪剪贴贴的手工版，而是用电脑制作的升级版。当然，“易读易懂”仍然是不变的宗旨。

八色作为销售冠军，其业绩是每月平均销售10辆雷克萨斯轿车。不要说是Netz公司内部了，在任何一个丰田的经销商那里，每年能销售100辆轿车都属于相当骄人的成绩，如果能售出150辆，绝对属于出类拔萃的精英。但是，这里说的轿车主要指的是卡罗拉、普锐斯这类车型，而一部雷克萨斯轿车的价格是卡罗拉的三四倍。

在本章开头我也提到过，八色先生并不具备什么特殊才能。很多经营者和管理者的苦恼都在于“如何培养优秀的人才”，而真正可以独当一面的销售人员少之又少。偶然出现几个业绩一流的，又会被猎头盯上挖走。

其实，真正的问题在于如何让“普通”的员工充满热情，并且充分发挥自己的才干。这才是本章的主旨。就像八色先生，并没有做过什么轰轰烈烈的事情，他对自己的评价也很低调：“我做的都是小事，不善于做那种吸引客户眼球的事情。”

然而，八色与众不同的地方就在于始终如一地在细微之处给客人关怀，而且他的行为也反过来给经营者、管理者以启迪。八色的各种点子以前从没有人想到过，但都十分容易操作。因为容易模仿，也能在员工中迅速推广。

一个员工的一个小小的举动却可以引发一次变革。

如果是“只有某个人才能办到的事情”，那么当那个人离开后，销售额肯定会回到原来的水平。但如果是“谁都可以做到，只是从来没有人去做的事情”，则可以通过一个人的实践引起每一个员工的关注。一件有益之事是否可以推广到公司的每一个角落，那才是至关重要的。

在这里，我想对八色先生说一声抱歉，因为在我的描写下，他就是一个随处可见的极其平凡的人物。而实际上，他有一项任何人都无法模仿的巨大优势，那就是他的微笑。

整个采访过程中，八色的脸上都浮现着笑容。一开始，我认为他是有意识地展开笑颜，后来才发现并非如此。我甚至无法判断，他究竟是天生长成这样的笑模样，还是因为长时间有意识地展开笑颜而变成固定的表情。

这让我联想到日本组合AKB48。组合中的一个成员在上综艺节目时曾经说过这样的话："每次参加完歌迷见面会回到家后，我都发现自己的脸已经无法复原。因为连续7个小时的微笑，脸颊的骨头和肌肉好像都僵住了。"

AKB48的总决赛是一场轰轰烈烈的竞争，成员的排名顺序直接决定她们在娱乐圈的地位。对她们而言，每一天都是比拼，因此，哪怕是为了多争取一个粉丝的支持，也必须拼尽全力。争取粉丝的方法之一就是"见面会"，她们笑颜如花的背后是超强的竞争意识和职业精神。

八色也曾经多次被人问过："你老是那么笑呵呵的，到底有什么可高兴的事儿呢？”他的回答是：“我觉得这个笑容就是我的吸引力。当我微笑的时候，整个人都会变得更加积极。而当我变得积极时，有些疲惫的客人看到我也会得到正能量。”

保安早川先生的鞠躬，接待人员清水女士的超强记忆，以及八色先生的笑容都是免费的。虽然不需要花费一分钱，却很少有人可以做到。星丘店拥有极高的顾客满意度评价，就是因为充分实践了“谁都能做到，却没有人去做的事情”。

不做推销的销售人员

伊藤友一上大专时学的是汽车维修，毕业后，他进入 Netz 东名古屋集团就职，连续 12 年从事检修维修工作。就在一年前，他被调到了销售岗位上。

为什么星丘店会让维修人员改行做销售呢？原来，星丘店的管理层曾经讨论过究竟谁最了解客户要购买的轿车，最后得出的结论是，一直从事检修维修的人员最了解。伊藤当时担任雷克萨斯星丘店维修厂厂长一职，所以成为人事调动的不二人选。

然而，伊藤面临的是接踵而来的困难。他从来没有和销售部门转交给他的客户说过话，甚至没有见过面。由于从来没有做过销售工作，伊藤在和客户交流方面也缺乏自信。于是，他决定先聆听客户的意见，问一问客户最近有没有发现轿车出现异常情况。如果对方说车辆有异响，通常情况下，销售人员会直接将这个情况告知维修部门，由专业人士进行检修。但是伊藤不会这样处理，他会进一步询问客户什么时候会发生异响，是刚刚起步的时候，还是飞驰在高速路上的时候。这样的问题会一个接一个地冒出来。在汽车维修时，辩听声音是发现故障的重要手段。因为伊藤本身就是技术人员出身，所以很多情况下不需要送到工厂检修就可以当场为客户解决问题。

以前，雷克萨斯IS车型中有一款“F”跑车。因为跑车要凸显速度感，所以每次踩刹车的时候都会因为摩擦产生很大的热量，而且还会因为连带的抖动而产生噪声。这一点和赛车很相似，尤其是在刹车系统不太热的情况下（例如天气寒冷的时候），更容易发出噪声。对于一直驾驶Celsior和皇冠轿车的车主而言，因为很少听到这样的声音，一开始都会感到不安和担心。

每当这个时候，伊藤都会对客户说明上述原因，让他们放心驾驶。不仅如此，对于购买了雷克萨斯跑车的客户，他都会在对方提出这方面质疑以前先解释清楚。

至于客户提出的其他问题，例如车辆内部有令人厌恶的异味、窗户的密闭效果不够好等，他都会凭借多年的维修经验第一时间替他们解决。这样的服务增强了他和客户之间的信任关系。“有事找伊藤”，他的拥护者也渐渐多了起来。

因为不擅长做营销，伊藤决定把倾听客户的意见这一点做到极致。想要做到极致，就必须时刻站在客户的立场上考虑问题。例如，当他咨询客户更看重车子哪方面的性能时，得到的回答可能是“操控性好”“提速性好”。当然，在这些性能方面，雷克萨斯轿车都有明显的优势。

然而，伊藤这时候不会马上推荐雷克萨斯的车型，而是请他们也去体验一下竞争对手奔驰或宝马的产品。伊藤会以自己长期以来的经验，为客户细致分析各款车型之间细微的差别。如果客人表示还是更喜欢宝马轿车的提速感觉，或是更满意奔驰车的大气外观，伊藤绝对不会说服他们考虑雷克萨斯。因为在他看来，客人的感受是最重要的。

伊藤认为自己的工作就是要满足客户的需求。这令我想起一位朋友，M&PLUS有限公司的董事长森令子女士。在她担任意大利奢侈品品牌菲拉格慕专卖店店长期间，曾经创下单位面积销售额世界第一的佳绩，因而闻名于业界。

森令子在高岛屋的菲拉格慕专柜工作时，曾接到过一位客户的电话，说是要参加一个晚宴，请她帮忙挑一件晚礼服。森令子放下电话奔赴百货公司，却在其他品牌的专柜挑了一件最适合这位客人的衣服。虽然菲拉格慕专柜也有正式的礼服裙，而且只要她推荐那位客人一定会购买，但是自己经销的品牌礼服种类较少，而客人如此信任自己，当然要为她挑选最好的商品。

为了做到最好，森令子平日也经常到其他品牌的专柜去，和每个店长都相处得非常融洽，了解了很多其他品牌商品的相关信息。她的坦诚赢得了客人们的充分信任，在她负责的客户中，既有日本皇室的诸多成员，也有泰国和不丹等国的显贵。

为自己的客户推荐其他品牌的商品，看上去是自己有所失，但是人不能只追逐眼前的利益。

不强行推销，将客人的利益放在首位。

因为做到了这些，森令子才能赢得客人的绝对信任，而且还会为她介绍更多新顾客。

这一节中的故事，和后记中要提及的名丰汽车公司董事长山口春三的故事有不少相似之处，希望各位读者到时还可以回想起森令子和伊藤在推销上的“不作为”。

不拒绝临时维修

菅正人先生的名片上印着“维修咨询”的头衔。由于很少看见这样的职位，我特意向他询问了一下工作内容。原来他主要是为那些没有预约、临时前来维修养护的车主提供咨询。菅正人做了18年维修工作，担任维修部门主管一职。由于雷克萨斯车主数量增加很快，而且还有其他一些品牌轿车的客户会前来维修保养，维修部门一直全负荷运转。菅正人为此向公司提议，应该设立专职人员，负责为前来维修部门的客户提供全面的解答和咨询服务。结果公司指名让他来做这项工作。于是菅正人不再做具体的维修，他脱去了已经穿惯的工作服，转变为西服革履的形象。

雷克萨斯星丘店增加了很多未经预约而主动上门的客户，向菅正人咨询事故检修维修以及车辆维护的事情。在出现“维修咨询”的岗位之前，都是由接待人员听取客人的问题，然后替他们安排维修人员。现在菅正人专门负责咨询，他直接听到客人的描述，立刻判断出问题所在，并将自己的意见传达给维修人员。如果是很小的故障，他有时候也会穿着西服，亲自动手当场为客人解决。

在“维修咨询”岗位出现之前，维修部门的工作就像是因为车流量过大而造成车辆排队的堵点，而菅正人的工作就好似交通疏导员，加快了维修和养护的节奏，可以为客户提供更高效的服务。

在大多数经销店中，维修养护都要优先提前预约的客户。即使有的客人开车来店里，反映发动机出了问题，店里的工作人员也不得不抱歉地表示，由于预约的客人太多，最早也要到明天下午才能进行检修。这样的情况是很常见的。

但是雷克萨斯星丘店一直非常重视临时来店要求维修的客人。不仅对雷克萨斯星丘店的车主是这样，对其他经销店车主的修理请求也都一视同仁。这里面甚至还包括宝马、奔驰等其他品牌的轿车，甚至是小排量的普通轿车。重视临时来店的客户不代表要推迟星丘店客户的预约。星丘店的目标是既要重视自己的客户，也不能拒绝一般的客户，不能动辄让人家等到第二天。

生活中，事故和故障都是不期而至的。如果车辆出现问题，那么工作和生活都会受到影响。即使只是一个车灯的问题，也让人无法踏踏实实地安全驾驶。因为星丘店能够站在客户的角度思考，才会产生第一时间为客户提供维修的想法，才会有“不拒绝无预约维修”服务体系的形成。

我问了菅正人先生一个问题：“你们店里随时都有等待客人咨询的机动人员吗？”因为我听说之前店里的确设有机动人员，负责接待临时到店申请维修的客人。但后来因为前来维修养护的客人数目激增，所有人员都忙于接待提前预约的客人，以至于机动岗位形同虚设。

菅正人告诉我，为了满足客户需求，维修部门绞尽脑汁，以团队为单位，努力挤出“富裕时间”。星丘店的维修团队共8人，因为实行轮班制，通常情况下有6人当班。这6个人在岗时，每人要分别负责一辆车的维修或养护。当出现未经预约临时来店的客人时，他们首先要考虑有没有可能将预约维修的轿车往后顺延。比如，有些客户一大早送来轿车进行维修养护，但明确表示会在下午5点左右才来取车。这样的话就可以优先维修临时送来的轿车。

但是，毕竟还有一些情况很难如此操作。这个时候，就需要正在进行预约车辆维修养护的两三位维修人员，暂时放下手中的工作，集中全力搞定临时来店修理的轿车。即便如此，有时候工作人员仍是分身乏术，因为日程已经排得很满，近乎饱和状态。6名当班的维修人员唯有齐心协力，尽力挤出碎片时间，共同应对难题。

此外，对于事先预约的汽车维修和日常养护，公司方面都有相应的时间规定。如果规定时间是60分钟，维修时间表就会按照60分钟进行安排。这时候，具体负责的人员就要努力将时间缩短到45分钟。如果每辆车都节省出一点儿时间，那么三四辆车之后，就可以拿出一个相对完整的时间处理临时来店的轿车。

通过以上三种方式，雷克萨斯星丘店的维修人员将不可能的事情变成了可能。

对于我上面提出的问题，菅正人回答说："所有没有预约就临时来店要求维修的客户，一定是事出有因，一定是实在没有办法才来找我们的，我们理应为他们做些什么才是。以前，我们也会告诉客人维修需要等候较长时间，用比较委婉的方式告诉他们安排起来很有难度。但是，现在我们可以满怀信心地告诉他们：没问题，把车交给我们好了。”

能够做到不拒绝无预约维修，还有一个重要的前提，那就是星丘店的维修人员都是从业时间长、经验丰富的优秀员工。他们的资质和能力都优于平均水平，因此可以大大缩短维修所需的时间。

菅正人表示这也是让他感觉幸运又自豪的一点。“我们还在不断地尝试，努力节省出更多的时间。其中之一就是我们导入了充分做好事前准备的机制，从而提高第二天的工作效率。例如，车辆检修时需要为客户提供备用车，我们一定会在前一天做好备用车的清洗和加油等各项准备工作。听上去很简单，以前却一直没有做到位，常常事到临头再慌手慌脚地做准备，形成了恶性循环，导致一整天都在赶时间。”

每一家汽车经销店都会遇到突如其来的工作和麻烦，这对经营者和管理者而言也是一个难题。在一个组织内部，一定会有岗位职责的划分。而作为个人，也都会希望减少一点儿工作量。要做到不拒绝无预约维修，绝非易事，只有包括其他部门在内的同事通力合作，才可能实现。

星丘店可以做到这一点，是因为他们的经营宗旨就是“让客户满意”。为了实现这个目标，全店上下达成一致，可以做到力往一处使。当齿轮转对了方向，剩下的就是不断地提速了。

2011 年，雷克萨斯星丘店维修和保养的车辆总数为 10 385 辆，2012 年为 10 789 辆，2013 年为 13 507 辆。“星丘店可以很快接收维修工作”“星丘店可以满足我们所有的要求”，这样的赞美之词一传十，十传百，使得无预约维修的车辆增加了很多。星丘店现有的条件已经无法满足越来越多的客户需求，他们正在着手创建第二维修部门，以期实现更大的飞跃。

雷克萨斯星丘店的经营之道：

保持微笑可以增加自己的正能量，保持微笑可以传递给客户正能量。

第6章

服务的第一步就是用心

在上述章节里，我为大家介绍了保安早川正延、接待人员清水香合、销售人员八色飞鸟等人有关待客之道的小故事。听他们的讲述时，我几次被感动得湿润了眼眶。如果能享受这样的服务，我肯定也会想从他们的手里购买一辆汽车。

在市场的大环境中，有一句话说得好：“不要推销东西，要推销自己。”前面介绍的那几位深受客户喜爱的员工，都用自己的故事证明了这句话的真谛。

那么星丘店是如何将自己的员工培养得如此出色呢？决心成为业界第一的经营者和相关从业人士一定很想知道其中的秘诀。本章就要以星丘店指导员工的方法为中心，为大家揭晓答案。

三套理念和行为准则

众所周知，在迪士尼乐园里，不同的职位都会配备一套厚厚的行为准则手册。迪士尼的员工之所以可以为游客提供无与伦比的服务，也要归功于这一套套手册。如果你和家人一起畅游过迪士尼乐园，一定遇到过保洁人员主动上前为你们拍合影，也应该有过在园区内问路的经历，相信每个人都会对迪士尼员工的热情印象颇深。不过，你可能不知道，这些都是写入手册中的规定。说得如此直白或许会让人感到有些乏味，但这些的确都是他们的工作内容。如果只是给某一个人拍照而忽视了其他游客，必然会收到游客的投诉，认为没有享受到同等待遇。

为游客提供感动的瞬间，原来也是需要手册来规定的。

让我们再回到星丘店。我一直在想，星丘店是不是也像迪士尼乐园一样，为了使员工可以赢得客户的信任，而制定了行为指南手册一样的规章制度。最初，负责人以“对外保密”为由婉言拒绝了我的要求，但在我的再三恳求下，终于让我看到了所有的手册。之所以说是所有的，是因为手册以组织机构为单位共有三套之多。

首先，三套规则中作为基准的是丰田汽车雷克萨斯营业部制作的手册，其中包括“西装法则”，详细规定了男性员工应该穿着衬衫和西服及佩戴的领带的颜色、样式。对于女性员工的妆容、发型、配饰和美甲等方面，则有专门的“雷克萨斯化妆及发型指南”，并分别配上照片加以说明。

为了将笼而统之的“待客之道”具体化，手册以小笠原流礼法[①]的真髓为基础，编写了以“待客之心与行为”为名的教程，用以指导员工。

第二份手册源自星丘店所属的KIRIX集团，体现了集团的整体理念，手册题目为“KIRIX Way——KIRIX学院教程”。这套手册作为Netz东名古屋及KIRIX集团所有员工研修时的教材，从经营理念和创业精神到培育人才和创造价值的方法，涉及很多宏观性、全局性的观点。以面向年轻员工的“改变自我”这一节为例，其中就包括“越是看不到的地方越要认真做”“想要改变自己就要先客观地评价自己”“要学会复眼思维”等内容。

① 小笠原流礼法起源于14~16世纪的日本室町时代，其核心思想为一切替对方着想。江户时代以后，小笠原流已经成为日本最高礼法的代名词，其礼法作为日本礼法的代表，支配着日本的礼法诸流派。

这份手册不是仅仅面向董事和经理，而是面向所有员工，对公司的经营构想、盈亏平衡点、经营指数等有关经营构想的内容进行了细致的解读。

在前两项手册的基础之上，雷克萨斯星丘店结合自身特点，将大理念与总准则具体化，制作了4本专用手册，即第三套手册。其中包括KIRIX集团创始人山口春三撰写的《雷克萨斯星丘店之路》(第一部《姿态》、第二部《行动》、第三部《心》)，以及专任董事山口峰伺编写的《雷克萨斯星丘店经营之道》。这4本手册的细致程度远远超过雷克萨斯营业部和KIRIX集团的那两套手册。

此处仅以星丘店根据小笠原流礼法规定的奉茶方法为例。

［准备及摆盘］

①考虑到上茶的过程中会有茶水溢洒的情况发生，应随时在托盘里放一块纯白的毛巾以备不时之需。

②将茶碗和茶碟分别放置，万一泼洒出水也会比较容易处理。

③提供日本茶时，应将茶杯上绘有花纹的一面朝向客人。

④外包装上写有“奶精”“吸管”等字样的物品，应将有字的一面朝客人正向摆放，使客人能够一目了然。

［端上饮品］

①将托盘放好，双手端饮品。

②接待人员应处于客人的下首，从上座开始，按顺序端上饮品。如果桌面上有产品图册等物品，或是销售人员正在与客人交谈，也可以根据情况灵活调整位置和顺序。

③如果客人就坐的是较低矮的沙发，茶几也相应较低，接待人员要采取跪式服务。应尽量将托盘夹在胳膊与身体之间，尽量做到双手端茶杯。

④除第三条的情况以外，如果有暂时放置托盘的地方，可以放好托盘再端饮品。如果是较大的桌子，可以将托盘放在靠近自己的一侧再端饮品。

［为客人端饮品的顺序］

①从上座开始。

②女士优先。

③每隔30分钟更换一次饮品。

④对于表示不需要饮品的客人，也要端上一杯茶，并轻声地说“请用茶”。

⑤当客人离开后，销售人员要即时联系总服务台收走桌面上的茶具。

以上只是诸多规定中的一项。星丘店的手册里，对于客人到店后的迎接方式、交谈方式、安排试乘体验时的注意事项等，都有和奉茶一样详细的规定。对连锁店而言，规章制度十分重要。其实对于所有不断扩大的组织而言，为了达到服务的统一标准，规章制度都很关键。规定必须存在的原因之一就是现今社会里“等待指示的群体”越来越多，他们不善于通过自己的思考决定如何行事。

看过星丘店的手册之后，我又产生了一些疑问。诚然，这套手册对于各种可能出现的情况都做了规定，但是，手册毕竟是手册。只有真正具备可操作性，才能对日常工作有所帮助。之前几章介绍的那些令人感动的待客之道，没有一条是作为具体的规定写在手册之中的。

雷克萨斯星丘店之所以是金牌经销店，之所以成为全日本销量第一的经销店，都是因为拥有了无可替代的员工。那么，星丘店是如何培养出这些优秀员工的呢？至少有一点可以肯定，只把厚厚的手册全部背下来是绝对无法成为优秀员工的。死记硬背手册不会让员工发自内心地向每一辆驶过的雷克萨斯轿车鞠躬行礼，也不会让员工跑出去为客人买回一双丝袜。

星丘店待客之道的精髓究竟是什么？我直接把这个问题抛给了工作人员："你们的服务为什么可以达到这样的程度？""初到公司参加培训时，他们有没有具体指导你们该做什么，该怎么做？""是不是领导要求你这样做的？"遗憾的是，所有的回答都非常笼统，和我想要的答案相去甚远。他们或者说"我只是想要客户满意"，或者说"我觉得这些都很普通"，听起来低调谦虚，而且如出一辙。

我采访过很多客户满意度较高的公司，向这些公司的员工问过同样的问题。有意思的是，几乎所有的回答都是相同的，这就是优秀员工的共同之处吧。行为规范手册就仿佛一条线，但是在这些员工看来，这些规定不是自己努力的终点，而是所有工作的起点。他们会时刻思考自己还能在这些规定的基础上"再做些什么"。正是由于他们不断地思考还能“再做些什么”，他们才不会事无巨细地向上级请示，他们会觉得主动付诸行动是再正常不过的事情。也正因为如此，我想要挖掘出他们积极主动地为客户提供极致服务的原因，结果却一无所获。而且，他们一定会认为问这种奇怪问题的采访者才是不可思议的。

这就是我在采访过程中遇到的最大的阻碍。

行为准则有时是多余的

就在我感到无望的时候，一次意想不到的对话为我揭开了星丘店优质服务的秘密，而谈话的中心思想竟然是烦琐的行为准则其实都不是必需的。

我谈话的对象是松原千惠子，她现在担任接待部部长一职。松原第一次来星丘店，是在开业三周年之时。在此之前，松原是银座和光百货名古屋分店的店长。和光百货是历史悠久的名店，经营钟表、首饰和皮具等高档商品，是名流显贵经常光顾的百货商店。其总店屋顶上高高耸立的大钟更是人们熟悉的银座的标志。

松原初到星丘店时，是在时任常务董事、现为专务董事的山口峰伺的陪同之下。事后她才得知，对于她的来到，工作人员私下议论纷纷：“你知道吗，听说这次来了一个超级严厉的礼仪培训老师！”“对呀，听说她在和光百货做了30年！”“听起来怪吓人的。”

星丘店之所以请松原过来，就是为了让她帮忙培训员工如何待客。当时，店里给她的职位是“门店指导总监”。培训安排在下班以后，在会议室中进行，内容包括如何做到言谈举止得体有度等，所有培训均参照银座和光百货的服务标准进行。

再回到松原初次踏入星丘店的那一天。一位接待人员端茶送到会客室，当她将茶碟连同茶杯端到桌上时，因为手在颤抖，茶杯和茶碟之间发出了“哒哒哒”的声响。接待人员的手会发抖，可能是因为之前听到了有关松原的“可怕”的传言，所以格外紧张。也可能是她想得太多，认为上茶的方法很可能是考察评估的第一关，越想好好表现反而越控制不住。总之，手抖成这个样子都是因为不想被松原指责。

不过，松原在这个哆哆嗦嗦上茶的女孩身上看到了一个更加严重的问题。“她之所以紧张得发抖，是因为在潜意识里首先考虑的是自己需要按照行为手册做事，不能出现偏差。这是只重视形式的待客之道。换句话说，就是极其死板的待客之道。”

在松原看来，本来接待人员是诚心诚意地为客人端一杯茶，结果因为紧张，弄得双方大气也不敢出，更不要说轻松地说句话了。如果让彼此都感到累心，那么奉茶这件事也就失去了原有的意义。当时她以为这个女孩可能是新人，也不能太过苛求。没想到事后一打听，端茶的女孩并不是什么新手，而是在KIRIX集团Netz丰田东名古屋的经销店里就一直从事这项工作的老员工。因为可以胜任重要客户的接待工作，所以才会被选拔到雷克萨斯星丘店，成为精锐团队的一员。松原听闻大吃一惊，没想到工作能力出众的员工也会有如此表现。她同时也意识到自己即将开展的培训工作将会是多么艰难。

令松原大跌眼镜的接待人员的确是在按步骤努力执行行为手册中的“奉茶方法”。松原意识到，手册固然重要，但是如果规定得过于细致和烦琐，员工们担心违反规定的意识太过强烈，反而会忽视提供服务的初衷。如此一来，服务就变得徒有其表，而缺乏诚意了。

经销店不是茶室，不是专业机构，接待人员也不是在演示茶道。与其注意自己的行为是否会“违反规定”，不如自然地对客人说一句“欢迎光临，请用茶”。这样看似简单，其实才是做得最到位的接待。

如果太拘泥于形式，在一旁看着的人也会不由自主地替她担心，生怕她会弄砸。这样一来，客人难免也会感到紧张，哪里还谈得上什么让客人感到满意呢？“了解基本步骤是有必要的，工作能否顺利进行也都以此为基础。但是，真正的待客最需要灵活和自然。一味地重视形式，一味地贯彻手册上规定的内容，到头来只能是本末倒置。”

想到这里，松原对负责接待和销售的所有员工道出了这样的心声：“为顾客考虑的意识是最重要的，和手册相比，心更重要。”

诚然，没有用心的服务，无论如何讲究形式，也不能传递诚意，甚至反而会让双方产生精神上的距离。虽然不能说彻底抛却手册不提，但是，只要有为顾客考虑的诚心，就会在自己都没有意识到的情况下自然而然地呈现出最佳状态，付诸待客的实践之中。

最不能缺少的是感情

松原还给我讲述了这样一个故事。

有一次，在公司内部举办的酒会上，一位新来的销售人员有一些自己无法解决的烦恼，因此来找松原咨询。他直截了当地问松原："您觉得我身上缺少什么吗？"松原觉得自己应该坦率地回答他，才会真正对他有帮助。于是，她也很直接地回答道："你身上缺少的是感情。"

听到这样的回答，没有人会不感到吃惊。如果被人评价为"缺少感情"，说明自己在别人眼里是冷酷无情的人，说明连人的本性都受到了质疑，心里肯定会觉得别扭。松原做出回答后，继续对自己的评价做出解释："我观察过你接待客人时候的一言一行，并没有什么大问题，应该说都是一丝不苟地按照行为手册行事。但是，当你对客人说谢谢的时候，我并没有感受到你的感激之情。既然我都感觉不到，那么客户一定也感觉不到。星丘店的客人们购买的是六七百万，甚至1 500多万日元的高级轿车。虽然他们从来不会在言语中表现出来，但是心底总会有'我在花大价钱买奢侈品'的心情。如果我们不能从心底由衷地表示感谢，我们的语言也一定无法传递真诚。”

那么究竟应该如何改善呢？首先，从事销售工作的人员必须发自内心地感到荣幸，庆幸自己可以协助客户在星丘店购买汽车。其次，要将这种心情化作一腔热情，从今以后要努力为这辆车提供周全的服务和维护。最后，还要将这样的热忱注入‘非常感谢’这句话语中。

对年轻人而言，他们希望工作做得漂亮和潇洒。每次签约之后，也愿意一鼓作气地对客户解释之后的安排，例如几月几日提车等。这样进行解释，语气上难免会平平淡淡，客人也会感觉少了些什么。

如果心中充满热情，那么除了说那句常规的“非常感谢”以外，自己必然还会想再说些什么表达心中的感情。比如会自然而然地说出“感谢您选择我来做您的销售顾问”，或者是“您能够满意，我也感到特别开心”之类的话。而且，不仅在遣词造句上会有所不同，声调都会发生改变。这和唱歌是一个道理，所谓专业歌手，最大的优势就是歌唱时情感的表现力超乎寻常。

松原继续对自己的观点进行阐释：“雷克萨斯产品本身的确以漂亮、时尚、先进等因素为卖点。但是，作为它的销售人员，我们不需要做得那么漂亮。我们可以做得很朴实，我们可以做得很有人情味儿，这样我们才能把自己的魅力传递给客户，才可以让客户对我们敞开心扉。”

人情味带来的接地气

但是，到底什么才是有人情味呢？

当女性客户来店看车的时候，如果销售人员单纯地埋头介绍汽车性能和品质，通常情况下并不能打动她们。以前，星丘店的行为手册不仅对端茶等礼仪有所规定，对销售人员的用语也做了细致的要求。销售人员很容易照本宣科。

实际上，很多女性选车的时候更看重颜色和外形。松原作为女性，也有这样的想法。如果能够站在女性的角度考虑问题，说一些她们更容易接受的话，效果一定会好很多。比如，当客户走到车前，销售人员不需要先介绍性能，而是应该由衷地赞美一句：“这辆车很配您啊！”或者是带着感情地夸一句：“真漂亮！”因为出售的商品是汽车，我们常常想不到这样去夸奖。但是想象一下女性客户在专卖店购买服装和首饰时的场景，就能够很自然地说出“很配您”这样的话来。

如果面对衣着以素色为主的客人，倒是可以试着向她推荐红色轿车。松原甚至把推荐时应如何组织语言都教给销售人员：“啊！这辆车太适合您了！您打开车门，从大红色的车中走下来，连您平日穿的衣服都衬得更有光彩了！”松原知道，女性在任何时候都在期待这样的话语。

按照松原的理论，服务越是做到标准化，水平就越会下降。她在谈话中几次提到：“所谓服务，第一步就是要用心。”

如何从“心”培养

服务的第一步就是要用心。

要投入更多的感情。

要变得更有人情味。

如果只是听这样的话，大多数人还是不明就里，不知道具体应该做些什么。所谓“心”，是要在漫长的人生岁月中一点点培育起来的。虽然星丘店从外面请来了一个了不起的人物做领导，但是她只是一味地说这些玄虚的道理，下属也很难在实践中做到。松原女士的每句话都隐含深意，作为一个可以堪称“待客专家”的业界领军人物，她的体悟和她的人生有极大的关联。

在这里，我们要暂时偏离主题，介绍一下松原千惠子女士的经历。

松原千惠子出生于日本岐阜县多治见市，家里从事制陶业。她从名古屋的大专毕业后，一边做家庭教师，一边协助父亲打理家业。当时，松原的弟弟考上了东京的大学。她和母亲借着探望弟弟的机会去东京玩了一圈。那一次旅行彻底改变了松原的人生，因为她在那里看到了永生难忘的东西。

松原久久地伫立在位于银座四丁目路口的和光百货门前。在她眼前的橱窗里，陈列着鲜艳的粉色和蓝色高跟鞋，还有华美的手包。松原心里忍不住感叹：“原来在东京会有人穿这么漂亮的鞋子！”那些东西看上去是如此炫目，仿佛放射着神奇的光芒，以至于松原控制不住自己，情不自禁地走进了和光百货。店内是站姿挺拔、优雅的女店员，态度温和，但又带有一种销售奢侈品才会有的严阵以待的感觉。松原终于发现，外面还有这样的世界。

回家后不久，大专学校的学姐联系到松原。原来，和光百货要在名古屋开分店，而这位学姐被委以分店店长的重任，她是专门来邀请松原一起干的。松原没有想到，不久前还让她站在银座街头感到炫目的和光百货，居然会给她提供一个工作的机会。她感觉这些都是命中注定，于是爽快地答应了学姐的提议。

没想到，父亲对她的决定强烈反对。松原当时就读的大专是一所教会学校，培养的都是举止优雅的女性，学校的宗旨也是要“培育优秀的居家女性”。父亲的想法是让松原通过在大专的学习，学会如何做一个合格的妻子，然后赶紧找个好人家出嫁。这也是当时社会上的主流思想。

和光百货的工作分为早班和晚班。如果是晚班，需要从中午12点工作到晚上8点。等到收拾妥当再回家，怎么也要将近晚上10点。而在松原家，因为工作开始得早，每天大家都要在早上7点共进早餐。父亲想松原一定坚持不下来。虽然他心里很不愿意，还是同意了让女儿去和光百货工作，但附加条件是“如果早上起不来床就赶紧辞职”。

松原一工作就是4年。然后遇到了心上人，结婚，生子。她后来索性辞去工作，成为一名全职太太，过上了属于自己的幸福生活。

可惜，幸福的生活并没能长久。在结婚的第5年，松原离婚了，带着5岁的儿子，成了一位单亲妈妈。直到今天，单亲妈妈要生存下去都很艰难，那个时代就更无须多言。松原首先要找到一份工作，究竟是继续做家庭主妇，还是到自家开的制陶公司上班？想来想去，松原决定找到老东家和光百货，说明了自己的实际情况，再一次通过面试回到和光百货。

松原之所以做出这样的决定，是因为她有自己的想法：“我想让孩子看到我在社会一线工作的样子。他没有父亲，所以我更要成为优秀的榜样。我想，如果母亲从事的是一项责任重大的工作，那么孩子长大后一定也会选择有尊严的生活方式。”

养育儿子的责任感成了松原努力工作的动力。她39岁荣升为名古屋分店店长，直到退休。松原在和光百货工作了整整30年，在此期间，无论是体力上还是精神上，都承受了很多考验。

令松原感到最难过的是儿子的一句话。

那还是在儿子读小学一年级的时候。突然有一天，他说有话要和妈妈讲。问他要说什么，儿子问："妈妈，你是不是讨厌我呢？"松原大吃一惊，连忙追问儿子为什么会有这样的想法。儿子回答："如果不是讨厌我，你为什么要去那么远的地方上班？"

儿子所说的到很远的地方上班，指的是松原频繁出差。身为店长，她不得不常常去东京总部出差，而以当时的交通情况，肯定无法做到当日往返。

儿子接着又说："我想见见你们公司的总经理，想问问他能不能不让我妈妈出差。"听到这里，松原感觉自己的心都碎了。她给儿子解释说，妈妈不是去玩，是去工作的。儿子却说："你的孩子这么小，姥姥姥爷又上了年纪，怎么就不能和老板请假呢？"

儿子才刚刚6岁，让一个6岁的孩子承受这样的痛苦和无助，松原心痛到了极点，眼泪一下子涌了出来。当初是为了孩子有更好的将来才决心回到和光百货去上班，没想到这个决定却对孩子造成了巨大的伤害。

从那以后，松原下决心要尽可能地多照顾家庭。不知有多少次，她坐上开往和光百货的地铁，却想要马上下车，掉头回家。但为了孩子，她还是继续坚持了下来。工作对松原的体力也是一个挑战，她时刻在内心提醒自己："为了幸福，努力工作！"

只有自己幸福才能带给别人幸福

讲完松原的故事，让我们再回到星丘店来。

松原 60 岁时从和光百货退休。在退休之前，她去拜访了过往的老主顾们，向他们表示感谢。这时，KIRIX 集团的创始人山口春三对她发出了邀请。

与其说春三夫妇是和光百货的拥护者，不如说是松原的粉丝更贴切。他们甚至表示："没有松原，就没有了继续来和光百货的理由。"对于松原的办事风格，山口非常欣赏。这里就举其中的一个例子吧。

在雷克萨斯星丘店开业之际，作为庆典活动之一，店里举办了翁倩玉的演唱会。山口拜托松原为每一位来宾准备水果蛋糕做小礼品。由于指定的品牌只小批量生产，很难按期准备几百份。为此，松原几次跑到东京与蛋糕厂协商，最终满足了山口的要求。而且，松原在包装上也颇费心思。时值 12 月，礼品便包装成圣诞礼物的样子，连留言卡都经过了精挑细选。松原没有多收一分钱，却付出了更多的心思和时间。

山口看重的正是这种“超越客人要求”的服务精神。

对于车，松原完全是外行。她虽然也有驾照，但和车的接触仅限于偶尔开开而已。山口请她过来，是希望她能够把在和光百货积累的经验带到星丘店来，指导星丘店的接待人员。

因为山口想把星丘店打造成无与伦比的最高层次的雷克萨斯经销店，所以他希望员工能够提供类似于银座和光百货那样极致的服务。为了让松原前来教授真正的待客之道，山口可谓是三顾茅庐，终于说动了松原。这时，星丘店已经开业三年。

松原心中多少有些不安。不过一想到要传授的并不是销售技能，而是怎样让顾客满意，她觉得星丘店与和光百货也就没有什么差别了。一想到可以把积累的经验再次运用于实践之中，松原立刻又充满干劲儿，满怀热情地投入新的工作中。

令她没有想到的是，刚到星丘店，她就发现这里的服务存在很大的问题。前文提到的端茶时手抖的接待员，以及类似的事情，都让松原感到意外。有时候，松原早上刚到公司，就会接到接待人员打来的电话，一会儿是“我今天身体不舒服，要先去医院再上班”，一会儿是“我好像有些感冒，很难受，今天想请一天假”。

开始，松原还以为这些都是偶发情况，没想到这样的请假电话十分频繁，当时的8位接待人员每周都会有一个人请假休息。松原不知道发生了什么，就去问时任常务董事的山口峰伺。山口说店里一直就是这个样子。因为女性每个月都会因为生理期身体不适，如果在她们脆弱的时候太过严格地要求，他担心会引起强烈的反感，所以从来都批准请假。好在负责销售和维修的男员工几乎没有因病请假的情况。

看来，在提高服务水平之前，首先要解决这个“额外问题”，而且是要从根本上进行改革。

松原在和光百货工作期间，从来没有在工作日一大早接到过女店员因为身体不适要求请假休息，打来电话。无论是在自己做店员的时候，还是掌管和光百货的时候，都从未遇到过。因为百货公司是以女性从业人员为主的地方，即便是搬运货物这样的体力活，也不可能依赖其他人的帮助。所有的女员工都有很强的责任心，凡事必须亲力亲为。

然而在星丘店，女员工的心里或多或少总有一点儿依赖男同事的感觉。此外，和光百货与星丘店的不同之处在于尽量不安排加班，同时确保员工可以休满所有年假。与此相比，星丘店女员工的加班则很多。也许正因为平时不得已要加班，她们才会希望偶尔可以在预期之外请个假。

松原虽然想到了这么多，但是当有人打来电话请假时，她还是会平静地说：“是吗？那你就好好治疗、好好休息吧。祝你早日康复！”因为她明白，想要彻底改变不正常的局面，单靠呵斥指责是没有用的。在那以后，每当有会议或培训的时候，她都会对接待人员一遍又一遍地重复同样的话：“我们是和公司签订了合同的，而作为员工，需要履行的最基本的责任就是按时出勤。无论你的工作能力有多强，无故缺勤，或者突然打来电话说要请假，都是没有道理的。这样做只会导致别人对你的评价大打折扣。大家要知道，保持身体健康是自己的职责，是对一个成年人最基本的要求。”

松原有一个“三环理论”：第一，所谓服务，就是要有顾念别人的心；第二，要有顾念别人的心，首先需要让自己幸福，否则何谈顾及别人；第三，自己身体不健康，就谈不上幸福。由此可见，身心健康是提供优质服务的基本条件。

如今，已经没有人会突然大清早打电话请病假。而做到这一点，松原竟然用了一年的时间。当然，如果真的得了流感要另当别论。有时候员工来上班时脸颊通红，一看就知道是在带病坚持工作，这时松原会果断地让她回家养病。

松原认为女员工的问题有很深的根源。汽车业一直是男性的天下，汽车维修甚至基本与女性无缘，赛车和越野车更是男性的兴趣所在。因此，在汽车经销的领域，女性是配角，从事的都是辅助性工作。从之前的“前台”，到后来的“接待人员”，虽然称呼发生了变化，但如果整体观念没有改变，她们的意识也不会改变。

当有客人提出要求的时候，她们会很自然地说“这个您还是得和维修人员商量”，“这个是由销售人员负责的”，以此来逃避责任。日本《男女雇用机会平等法》已经实施，但正是女性在不断地放弃自己的权利。在一个男性为主导的社会中，那些早上突然打来的请假电话，可以说就是女性“依赖心理”的具体投影。

松原通过将早上请假电话降为零的努力，成功地改变了星丘店女性员工的意识。这一点，相信通过前几章介绍的那些小故事，各位读者也能有所感悟。

经历挫折才能学会顾念别人

想要做好工作，就要对自己严格要求。

想要让客户和同事满意，就要有一颗顾念别人的心。

每天在紧张的工作中疲于奔命，如何才能培育一颗顾念别人的心呢？也许，所有的上班族都想知道答案。

松原的想法简单明了——唯有经历挫折和辛苦。听上去有些刺耳，但又莫名感到特别真实。因为松原说的完全是自己的经历。“就如同要想体验喜怒哀乐的感情，不付出辛苦是无法理解的。”

说到这里，松原的表情突然沉重起来。也许，当她说这番话时，脑海中又浮现出那一天儿子伤心的样子，想起了他问自己的那句话：“妈妈是不是讨厌我呢？”

调整情绪之后，松原继续说道：“就在前不久还发生了这样一件事。有一位上了年纪的客人，发生了交通事故，责任在他。他把车送交店里修理时，正好是我接待的。看上去，客人心情低落到极点。谁遭遇交通事故都会郁闷吧。这位客人甚至都没有开车的自信了，店里为他安排了维修期间的备用车，他却说自己无法开回家去。为了缓解客人的紧张情绪，我陪着他聊起天来，才知道原来他刚刚经历了丧妻之痛，发生什么都只能一个人承受。不像以前，有任何事情都可以和妻子交流，而现在，发生了交通事故，心中的苦恼更找不到人倾诉。我能够真实地感受到他内心深处的寂寥，于是尽可能地聊起一些轻松愉快的话题，例如问问他对什么事情感兴趣。客人聊起了美食，而且说着说着，紧锁的眉头也展开了。所以，我坚信只有自己经历过磨难，才会理解别人的悲伤。唯有如此，才能有一颗顾念别人的心。”

那位客人向松原倾诉了自己无法对人言说的悲伤。我相信，他在松原身上感受到的不仅仅是耐心聆听的友善，更是远远超过“销售行为”的人与人之间的心意相通。

松原还提到了一件在和光百货时发生的事情。有一家老顾客，常常母子俩一起光顾和光百货。有一天，只有儿子一人过来，不是为了购物，看起来忧心忡忡。原来，总是和他同来的母亲因病住院了。他的母亲是和光百货原创商品的忠实顾客，从时钟到装饰品，甚至手帕，都从和光购买。在和光购物是她的一大乐趣。然而，现在母亲病得连门都出不了，更谈不上购物了。为了让母亲在住院期间能够有所慰藉，家人把和光品牌的商品搬到病房里，摆在病床旁边。可是，突然有一天，每天都要用来看时间的座钟突然不走了。儿子看见母亲用特别绝望的眼神看着座钟，心里也很难受，于是就来向松原求助。

松原急急忙忙地拿了一份慰问品赶到医院。到病房后，她拿出自备的电池，换下了座钟里的旧电池，座钟的指针再一次嘀嘀嗒嗒地走了起来。原来座钟并没有出故障，只不过是电池没电了而已。换作他人，很可能会让客人自己换个电池试试看。但是，如果能对客人当时的心情感同身受，同时思考自己该如何安抚对方的情绪，就会自然而然地萌生“要为他们做些什么”的念头，也就会像松原这样亲手做一件小事。

这个故事看上去和经营毫无关系。但是，正是因为这样日复一日、年复一年地怀有一颗“顾念别人的心”，和光百货的信誉以及松原的信誉才可能为人们所认同。按松原的话来说："想为别人做点儿什么，自己自然会行动起来。"

不过，现在很多人都没有经受过苦难，一直过着幸福的生活，年轻人更是如此。所以，我又问松原："您说的我都理解，但是没有经历过磨难的人又该怎么办呢？"我自己都觉得这个问题有稍许刁难的意思，但是松原女士的表情是一如既往的真诚："人生在世，没有人是从未经历过磨难的。在我的身边还没有从未感到过悲伤的人。想想看，家人中，爷爷奶奶、姥姥姥爷、父母双亲、兄弟姐妹，总会遇到过不幸的事情吧。疾病、生离死别、父母和子女的疏离、考试和就业的挫折、失恋、离婚、流产……家人是心连着心的，一个人遭遇这样的事情，一家人都会陪着难过。而且，这还不像自己的事情可以通过努力改变，就只能眼睁睁看着却无计可施。处在这样的困境之中，人人都会感觉到悲伤。"

回顾我自己的过去，的确，没有什么事情比看到身边的亲人陷入困境而自己却无能为力更让人感到痛苦和悲伤。

松原又说："拥有社会地位的人，声名显赫的人，也都和你我一样，与家人一同分享或分担着喜怒哀乐。这个世界上哪会有不知道悲伤的人呢！有位作家说过这样的话：‘人类失去哀伤这种情感，不过就是一堆细胞。’带着自己的哀伤，用笑脸继续奋斗，才可能迎来喜悦。如果每个员工都有这样的意识，那么我们和客户之间就可以心意相通，我们也就拥有一颗顾及别人的心了。”

首先，确保自己的幸福。

其次，经历自己的磨难。

最终，体察他人的辛苦。

松原已经在星丘店7年。如今星丘店的员工最重视的不是手册，而是内心。他们每一个人的能力，恐怕任何一家高级酒店的服务人员都望尘莫及。山口董事长当年在心中勾画的星丘店待客之道的愿景，因为松原的到来，如今已经完美地实现了。

雷克萨斯星丘店的经营之道：

待客之心远比行为手册重要。

第7章

与其制造惊喜，不如多做实事

打造雷克萨斯星丘团队

本书还要介绍一位重要人物——吉田芳穗。吉田原来是丰田Vista的老员工，参加工作第9年时，被晋升为店长，不久又被指派到雷克萨斯星丘店开业筹备部。之后有过两次在Netz东名古屋公司工作的短暂经历，如今是雷克萨斯星丘店的明星店长。

吉田从很早以前就对经销店的管理有一个愿望，希望不同岗位的员工能同心协力，为客人提供最好的服务。在星丘店建店之时，吉田曾经参加过丰田汽车总部的培训，培训官多次重复一句话："我们是雷克萨斯团队，我们这个团队共同为每一位客人提供服务。"

多么简单易懂的话语！吉田想，如果能把这个理念付诸实践，将是一件多么美好的事情。但是，来到店里展开工作后，他才发现想要实现这个愿望绝非易事。

每一个组织内部都存在部门间的壁垒，任何人听到别人对自己的工作指手画脚都会感到不愉快。而且，如果一个部门的领导总是轻易地按照其他部门的要求重新安排工作，下属们也会对领导有意见。

前文中多次提到过，星丘店按照职能不同，分为三个团队，即接待、销售和维修，共计41人。所有工作人员齐心协力，就会形成巨大的合力，最大限度地发挥星丘店整体团队的作用。

吉田在Netz东名古屋公司中尝试过推行自己的理念，却没能取得成功，原因是他可以调配的人员太少。通常情况下，为了提高工作效率，Netz东名古屋的每家经销店只配置十四五名员工。每个人在自己的岗位上都需要全力以赴才能完成工作任务，即使有心再上一层楼，也苦于没有余力，更不要说抽出精力协助其他部门的同事了。Netz东名古屋经销店受实际情况所限，即使员工有工作热情和理想也无济于事。

说到这里，我想岔开话题，介绍一下日本帝国饭店为人们称道的服务项目。他们的特色服务较多，其中有一项名为

“让垃圾再住一晚”。具体地说，就是当客人结账退房之后，客房部的保洁员按照常规进房间打扫卫生。与其他酒店不同的是，保洁员要将该房间废纸篓里、桌面上和地面上的所有物品保管 24 小时，甚至连一张纸片都不能落下。因为帝国饭店发现，有时候当客人踏上归途时，会突然在机场或汽车里意识到自己忘带了很重要的东西，然后打电话给酒店烦请工作人员帮忙寻找。看上去像是垃圾的一张纸片，很有可能记录了对客人而言非常重要的信息。当帝国饭店注意到这一点后，就开始了这项“让垃圾再住一晚”的服务。

所有的废弃物在交给专业垃圾处理公司之前先保留 24 小时，听起来也不是什么困难的事。但是如果仔细考虑处理的流程，就会发现酒店决定提供这项服务需要极坚定的决心。想象一下，当一位客人打电话来，请酒店的工作人员帮忙寻找一张落在房间里的写有重要客户电话号码的纸片时，酒店要如何操作。帝国饭店有将近 1 000 间的客房，即便所有的废弃物都按照房间号分别保管，接到客人的电话后，也必须有专职人员负责从众多垃圾袋中寻找一张纸片。为此，酒店要负担更多的人工成本。人员精简、房价低廉的商务酒店是完全不可能提供这样的服务的，唯有在人力资源丰富的帝国酒店才具备推行该服务的条件。

因此，吉田感觉在以往人手紧张的经销店无法实现的理想，在雷克萨斯星丘店应该可以放手一试。也就是说，星丘店的服务完全具备达到帝国饭店水平的可能。

吉田到星丘店任职时，时任常务董事的山口峰伺已经定下了一套工作模式，即接待人员和销售人员两两结对，共同为一位客人提供服务。这样的模式在人手紧张的Netz店是完全没有可能推行的。星丘店的人数是Netz店的2.7倍，人手富裕，才能实行二对一的服务。但是，吉田认为仅凭这一点还是无法形成“雷克萨斯团队”，他希望能够找到一个更合理的方式，实现人员的最佳配置，充分发挥团队优势。为了让所有员工做到真正的团结一心，吉田进行了一个大胆的尝试。

每天晚上6点15分，雷克萨斯星丘店可以放下手头工作的所有员工都要参加一个例会。因为是在营业时间内的例会，所以前提条件是不能影响到为客户提供服务。每次例会时，各个岗位都需要最小限度地保留值班人员。接听电话需要2人，前台需要1人，销售人员需要1人。例会每日都会召开，值班人员每天都会轮换。

打破部门的界限

在全体员工参加的例会中，专门有一个时间段是用来交流的，每个人都可以把自己工作中的难题拿出来和大家商量。例如，当销售人员在工作中遇到困难时，可以和其他人商量如何说服客户。他可以具体描述与客户打交道的过程，而接待人员和维修人员则从自己的角度或客户的角度帮助他分析。这些都曾是吉田的美好设想。

没想到的是，例会制度刚开始实施时，居然没有一个人举手发言。原因可能是每个人都有自尊，不愿说出自己的困难，同时也不好意思对他人的工作指指点点。

于是，吉田做出表率，把自己的问题放在桌面上请大家讨论。

吉田说起自己正在负责的一个客户。客户现在的爱车已经购买了10年，开始进入小毛病不断的阶段，每次都要花不少钱。既然如此，还不如换一辆车。吉田了解了他的需求后，几次上门拜访，提供咨询。然而，客户迟迟不能做出最终的决断。到底自己哪里做得不够呢？吉田回顾整个过程，觉得自己的服务没有什么问题，客户对雷克萨斯轿车也是满口称赞。原因何在？吉田百思不得其解。

为了打破僵局，吉田鼓足勇气直接询问客户："您是不是对我或者对雷克萨斯轿车有什么不满的地方呢？或者是您还在考虑其他品牌的轿车？"没想到客户的回答是："没有，我都很满意。"如此一来，吉田更加摸不着头脑了，他越发觉得客户一定是在选择雷克萨斯和其他品牌的轿车之间犹豫不决。

听了吉田的介绍，一位接待人员提出了自己的想法："是不是可以邀请客户带着夫人一起到店里来一次呢？"如果夫人一同前来，在休息大厅里喝杯咖啡，在氧吧里放松一下身心，也许会帮助先生做出决定也未可知。吉田听了之后，立刻决定采纳这个意见，并给客户的夫人发了一封邀请函，客户终于同意带着夫人共同来到星丘店。

那一天，星丘店所有的接待人员微笑相迎，引导客户夫妇二人在店内参观。两人对试驾都很满意，但是先生的脸上并没有发自内心的愉悦表情。终于，通过闲聊，大家找到了问题的关键。原来，客户心里有割舍不下的"保时捷情结"。这位客户早先在某著名建筑公司从事销售工作，之后辞职创业。在经历了很长时间的艰苦奋斗后，终于将公司业务推上了正轨。为了奖赏自己，客户给自己买了一辆保时捷，那是他曾经梦寐以求的车。如今，他对雷克萨斯一见倾心，但是心中又放不下保时捷。雷克萨斯的竞争品牌竟然是客户的人生梦想，难怪吉田付出了那么多努力，也没能促成最后的签约。

庆幸的是，吉田听从了同事的建议请来了客户的夫人。在贤内助的建议下，这位客户终于当场签约。但是，所有员工都注意到，虽然签了字，客户的态度却一直不是十分明朗。当客户夫妇离开后，不知道谁说了一句："看看咱们能不能做些什么，让他高兴起来。"一句话将接待、销售和维修三个不同岗位的员工联系在一起，为实现同一个目标制订了"特别行动方案"。

他们得到了客户妻子的暗中帮助，在男主人外出期间登门拜访。员工们来到停车场，给客人的保时捷爱车做了彻底的清洁，还拍了一张照片。之后，他们把这张"旧爱"的照片和客户新购买的雷克萨斯轿车的照片都冲洗出来，放到镜框里。这样做是为了让客户的美好回忆以照片的形式继续保存下去。

在交车仪式上，星丘店的工作人员举起斟满无醇香槟的高脚杯为客户庆祝。当负责人将钥匙递交给客户时，同时送上的还有两辆爱车的照片："请像当年爱护保时捷一样爱护我们的雷克萨斯。"其实就在交车仪式的前一天，星丘店的店员又一次"潜入"车库，为客人的保时捷轿车做了一次彻底的清洗。

当客人终于知道这项由妻子和星丘店员工共同策划的"特别行动方案"后，不由得苦笑着自言自语："我就说嘛，保时捷突然那么干净，当时我就感觉很蹊跷。"然后，他转向夫人，微笑地说了一句"谢谢"。星丘店的员工们在一旁看到这一幕，都被深深打动，同时也感觉到了"雷克萨斯星丘团队"的强大。

这位客户后来又在星丘店更新换代了两部轿车，和"雷克萨斯星丘团队"相处得好像家人一般。这件事情得到了圆满的解决，星丘店的例会从此也真正成为员工们相互协作的重要渠道。

不做第一，只做唯一

我们讲述了接待、销售和维修人员在各自岗位上的敬业故事，会发现他们都没有讨巧的做法，甚至是以一种笨笨的方式在工作。接待员清水女士的成长中有泪水，松原部长的故事背后是她自己的艰辛。听了他们的故事之后，可能大家都会有一种感觉，对这些员工而言，雷克萨斯几乎就是自己的人生。事实上，工作为我们提供了很多与他人相遇的机会，如果将它当作自己人生的一部分对待，你的举动就一定会打动对方的心。

经过星丘店员工上下一心的努力，轿车预订量终于如愿以偿地实现了增长，2013年达到了758辆。而且，自开始实施包括销售量和顾客满意度的综合评价起，星丘店便荣登榜首，且一直受到表彰，被业界称为“雷克萨斯金牌店”。

取得这样骄人的成绩，谁都会抑制不住兴奋的心情，谁都想把这份喜悦与上司一同分享，这也是人之常情。

有一个月，星丘店接受了74辆轿车的预订。当时并不是新车发售阶段，能有这样的预订数完全是因为员工的努力。吉田店长对此特别满意，他志得意满地在总公司会议上向领导层汇报了这个工作成绩，本以为会受到褒奖，没想到被山口董事长劈头盖脸地训了一顿：“第一第二有什么关系！”吉田心里很委屈。作为一个经销店的管理者，工作好坏难道不是需要看业绩、不是需要用数字来衡量吗？董事长却批评他：“咱们在开业的时候就强调过，我们不是要争什么第一，我们要做到的是独一无二！”

日本歌唱组合SMAP有一首经典歌曲《世界上唯一的花》，歌词大意是：“我们每个人都是一朵花，因为每个人都来自一粒与众不同的种子。只要用心让自己这粒种子开花就足够了。”拼命努力却屡遭挫败的人，由于总和别人比较而心力交瘁的人，都从这首歌中找到极大的共鸣，歌曲也因此红极一时。

不过，山口所说的“独一无二”和歌词里的“独一无二”还是有一些差别的。山口认为，无论经销店的销售业绩多么好，都与客户没有什么关系。即便行业排名第一，高兴的也只是经销店而已。所谓销售业绩的排名，是把客户的因素排除在外的。山口董事长的目标是要打造一家对客户而言独一无二的店，那才是星丘店应该追求的终极目标。

口碑创造业绩

星丘店从一开始就把顾客的满意度当作检查自己工作

成果的重要准则。

从事汽车销售工作，很容易为了追求销售额而对数字过于在意，把重心放在如何推行下一轮销售。但星丘店并不是这样。他们会全心全意地为既有的客户提供优质服务。不仅如此，就像第5章里介绍的那样，即便没有预约，如果有其他品牌车辆的车主来店要求维修保养，他们也都一视同仁。

这样的事说起来容易，做起来难。

星丘店要面对不同的客户群。已经购买轿车的老顾客，必须悉心维护；经济型轿车的客户，必须满足他们的要求。即使对那些有些挑剔的客户，也必须热情相待。

山口董事长总是反复用一句话激励员工："你们一定要相信顾客满意度的力量！好好干，总有一天，客人会像潮水一样涌到星丘店的！"

事实果真同他预测的一样。

吉田说："所有的成功都是我们苦苦奋斗的结果！一开始我们只有新签约的客户，而这些客户逐渐进入更换新车的时期。每当有更高级别的轿车发售时，他们都会表示有兴趣。有的客人是因为想换个新车型，有的其实并没有特别的原因。不少客户完全是因为购买第一辆车后对我们的服务很满意，信任我们，所以会为家人买第二辆、第三辆车，或者介绍自己的朋友来星丘店购买。如果只顾眼前数字的增长，就不会有今天的星丘店。我也是在工作中渐渐体会了董事长所说的独一无二的意思。只要诚心待客，销售额必然会跟着上来的。”

在客户提出要求前做到

为了让星丘店成为独一无二的经销店，吉田在一件事情上下足了功夫。那就是训练员工，不要让客户提出要求。听起来有点儿奇怪，但等他细细解释一番后就明白其中的奥妙所在了。

以最简单的服务上茶为例。不要等到客户说口渴才端上饮料。在夏天时要上冰咖啡，如果知道这位客户不喜欢咖啡，就要问一下是要红茶还是日本茶。这样的步骤在任何一家门店里都是最基本的。小中见大，却是不变的真理。

遇到上了年纪的客户，销售人员介绍完导航装置的使用方法后，仍然会担心客户没有真的领会要诀，会在第二天一早打电话询问客户是否已经学会操作。如果发现对方仍然没有掌握方法，销售人员就会在第一时间上门再介绍一遍。这些都是在客户提出要求之前主动去做的。如果是客户打来电话咨询操作方法，相关人员会觉得那是自己工作上的失职。星丘店员工的工作模式充分体现了吉田所提倡的理念，即“在客户提出要求之前全部为他们做到”。

与其制造惊喜，不如多做实事

近年来，酒店和餐厅越来越喜欢策划给客人惊喜的场面。例如，在客人过生日的时候，酒店会偷偷准备好写有客人名字的蛋糕，突然端到客人面前，全体员工大唱生日歌。或者是客人办理完入住手续后，走进房间，发现正在播放自己最喜欢的音乐。这样的服务也被称为“感动服务”，被很多人当作最高水平的“待客之道”。

但是吉田店长对此不以为意，他讲述了下面这个事例来表达自己的观点。

雷克萨斯星丘店会为每一位提车的客户安排交车仪式。

在专用的房间里，将车辆检测合格证和钥匙亲手交给车主，并做一些简单的说明。当然，还有赠送花束和拍照留念的环节。过去甚至还模仿过新船下水仪式，打开一瓶无醇香槟用来庆祝。

有一位客户在交车仪式的前一天打来电话，请求将仪式尽可能地安排在最早的时间段举行，原因是第二天外祖母过生日，他想提车之后直接接上老人，然后全家人直奔长野县昼神温泉，为外祖母庆生。

星丘店将仪式安排在了最早的时间，9 点半举行。仪式结束后，工作人员站在门前恭送客人。就在这时，吉田无意间听到了客人和家人之间的对话，知道他们要去住宿的日式旅馆的名字。恰巧在不久以前，吉田刚刚住过那家旅馆。于是他悄悄地给旅馆打去了电话："您好，我是之前在您那里投宿的客人。这次打电话是因为我工作的雷克萨斯星丘店有一位客户今晚要去那里住宿。我们听说今天是他家中老人的生日，所以想由我店付费，请您帮忙准备一个生日蛋糕，作为我们送给客户的小礼物。"

让吉田没有想到的是，这位客户是旅馆的常客，而且每年都会在老人生日的时候和家人前来庆祝。因此，旅馆方面早就为他们准备好了生日蛋糕。吉田只好请他们帮忙准备一瓶上好的红酒，但酒店的工作人员告诉他客人一家几乎都不饮酒。这也不行，那也不行，这该如何是好？最后两人商定为客户准备一束鲜花。旅馆的人非常细心，特意在花束上插了一张写有“雷克萨斯星丘店敬赠”的礼品卡。

吉田觉得只做这些还是太过平凡，于是第二天一早又给客人的新车发送了一封邮件：“祝老人福如东海，寿比南山。祝您旅途愉快，一路平安。”雷克萨斯轿车搭载有将邮件文字转化为语音播放的系统，客户刚刚提走新车，应该还没有进行过这样的操作。这样的一封邮件用语音播放出来，本身就是一个惊喜。果然，时隔几日，客户打来电话致谢，表达了自己愉快的心情。

尽管结果是制造了惊喜，吉田的初衷依然未变：“惊喜并非我们的本意。纯属巧合，我在交车仪式的前一天得知客户外祖母生日的时间，又听到了他们要住的旅馆的名字，是这些偶然促成了这个惊喜。当然，惊喜一定会带给客人好心情，我们根据实际情况的不同，有时候也会策划惊喜。但是，如果制造惊喜成为工作流程中固定的环节，结果又会怎样呢？如果客户生日必须要做策划的模式被固定下来，其结果就是对全体客户做同样的事情。这样一来，所谓的感动就会减少很多。不仅如此，还有可能造成不好的结果。如果所有人都知道，只要在雷克萨斯星丘店买车就会在生日的时候收到蛋糕，哪里还会有什么感动呢？客户会等着生日蛋糕送上门来，有了等待就没有了惊喜。而且店里也要确保在每年的同一时间送出蛋糕，一旦某次没有送达，客户就会产生心理落差，因而格外失望。”

在吉田看来，真正的“待客之道”是要在客户想到之前就替他们做到，这绝对不是制造惊喜那么简单。吉田并不否定制造惊喜的方式，但是，要想让客户感动得泪流满面，就必须做出些惊天动地的事情来。

关于感动，吉田说了一番非常中肯的话：“我们可以通过一个假设，来看看小事是不是也能带来感动。假设一位客户的车子上有一处划痕，拿到店里来维修。因为他要赶着上班，所以希望能够在 30 分钟内修好。这时，我们的维修人员会采用紧急维修措施。如果他们很努力地配合抢修，仍然花费了 60 分钟，客户肯定会感到不满。但如果他们用 25 分钟就完成了工作，客户一定会表示感谢。因为维修时间比他所预期的 30 分钟短。哪怕仅仅缩短了三五分钟，也是提前完成工作。我们强调不要让客人提出要求，但是一旦客户提出了要求，我们则需要提供超出客户要求的服务。只有这样，客户才会感觉到我们是多么尽心尽力，才会心生感动。这就是所谓的多做一点儿实事吧。”

星丘店有时也会配合实际情况制造一些小惊喜。但是，比起惊喜，他们更看重平日里踏踏实实地工作；比起惊喜，他们更愿意为顾客多做一点儿实事。他们认为，只有这样，才能一如既往地得到客户的好评。

吉田认为，如果客户的全部要求以 100% 计量，那么做到 100% 是理所应当的事情。按照星丘店的本意，很希望能做到 200%，可惜实际情况并不允许。星丘店的目标是至少可以做到 101%。只要一直都能做到超出 1%，日积月累，总有一天会得到客户发自内心的感谢。“我们不需要全垒打，我们只需要不断地挥棒击球。这就是雷克萨斯星丘店的服务精神。”

通过工作回报社会

拥有雷克萨斯星丘店的 KIRIX 集团有三条社训，被称作“三诚精神”：

诚心——时刻保持一颗诚恳的心；

诚意——让自己表达诚挚的心意；

诚实——用真诚的行为收获结果。

支持“三诚精神”的是集团的经营理念——企业经营不以追求利益为目的，企业经营的目的在于：

1. 回报社会；

2. 创造以客户为中心的价值观；

3. 实现员工及其家属生活的富足与幸福。

而追求利益只是实现以上目的的手段而已。

上面两段文字，印在集团分发的效率手册的首页。每天清早的例会上，所有员工要一起诵读社训和经营理念，以及《KIRIX集团诚信行为指南》。指南共有12条，包括执着追求、做事积极主动、贯彻目标、提升自我、提供优质服务、为社会做贡献等内容。

值得关注的是，KIRIX集团经营理念的第一条就是“回馈社会”。而在通常情况下，社训都会把与客户有关的内容放在第一位。KIRIX集团不仅提出了这条“回馈社会”的理念，更是在全体员工中彻底贯彻了这一思想，有几个事例很能说明问题。

有一天，星丘店收到了一封来信，信件全文如下：

您好，我是××。

我贸然写信，是因为之前得到了雷克萨斯星丘店一位工作人员的帮助，想特意表示感谢。

2013年9月12日下午5点半前后，我开着一辆小排量汽车出门。在星丘店门口等红绿灯的时候，发动机突然熄火，车子停在路口一动不动，我一时不知如何是好。当时，车里没有男人，只有我和小孩。因为想不出对策，又是不安又是焦急。

就在这个时候，马路对面雷克萨斯星丘店大门口的那位先生走过路口的人行横道，来到了我的车前。他问我：“您怎么了？车停在路口太危险了，还是先把它挪到路边吧。您先把收音机和空调关掉，挂到空挡。”说完他就从后面使劲地帮我推起车来。在他的指导和帮助下，我很顺利地把车挪到了路边。幸运的是，挪到路边后不久，我又能启动发动机了。这位先生好心地建议我到店里为车做一下检查，不过因为我住得很近，就婉言谢绝了。不敢想象，如果我当时停在原地不动，很有可能会遇到危险。对于这位先生的帮助，我发自内心地表示感谢。

那一刻，我的心情就仿佛是在危机之中遇到了英雄。

慌忙之中，我忘记了问那位先生的尊姓大名，如果读到这封信的人知道我说的是哪位员工，请代我转达由衷的谢意。

非常感谢星丘店给我的帮助。

相信读完这封信，各位读者都能猜到信里提到的“那位先生”就是本书开篇提到的保安早川正延。事情发生那天，早川发现信号灯变绿后，对面车道还有一辆小排量汽车停在路中央不动。如果汽车发生了什么故障，这样一直停在交通流量很大的路口是非常危险的。早川来不及细想，也来不及请示经销店里的领导，他快速地用对讲机说了一句“我要离开一下岗位”，就迅速地跑向人行横道。

果然不出所料，这辆小排量汽车出现了发动机故障，这样的车辆问题在夏天并不少见。早川的处理方法就如信中所写一样，让司机关掉收音机和空调，使发动机得以降温，于是车子就又可以开动了。虽然早川的行为比不上救死扶伤那么伟大，但我还是非常钦佩他能够瞬间做出判断，并立刻付诸行动。早川回忆那天的情形时说："迎送星丘店的客人固然很重要，但是当我判断出这件事情更重要时，我发现自己已经跑上马路了。"

雷克萨斯星丘店还自觉承担了周边街道的清扫工作，并且积极参加无偿献血。当他们请日本一线歌手来举办爵士音乐会时，都会免费邀请附近的居民前来观看。这些回馈社会的行为都源于山口董事长的一个承诺。当年，他向为星丘店提供土地的东山游园有限责任公司水野民也会长表示："我们不仅仅是要建一个汽车经销店，更是要将这家店打造成为开发建设整个星丘地区的中心"。

诚然，现在这个时代，每一家企业都会积极参与所在地区的社会活动，并为附近居民做出贡献。对于回馈社会，吉田仍然坚持"与其制造惊喜，不如多做实事"的观点。"做一件轰动一时的事情当然很好，但是如果不能持续地做下去就没有任何意义。为社会做贡献也是同理。早川之所以在遇到突发事件时能够妥善处理，正是因为我们全体员工都有很强的为社会做贡献的意识。”

每个人的心中都会有一架天平，一端是“工作”，另一端是“社会”。我们会有意无意地计算它们孰轻孰重，并且不自觉地倒向可以带来眼前利益的一端。“放下工作直奔有需要的人”，做起来也不是那么容易。因为星丘店里有“一切为了他人，一切为了社会”的氛围，所以早川才能做出正确的判断。

遗憾的是，水野民也先生，即星丘店土地所有者东山游园有限责任公司的会长，在距离雷克萨斯星丘店开业还有一个月的时候突然离世。如果他还健在，看见发展到今日的星丘店，一定会比任何人都欣慰和开心。

吉田还讲了一个小故事。

一天，一位住在附近的女士来到星丘店，想要和负责人商量事情。原来，这位女士有一个上小学的儿子，小孩子在公寓附近的停车场玩球时，球击中了停在那里的一辆车，把发动机盖砸了一个坑。孩子母亲看到那是一辆雷克萨斯轿车，觉得应该是车主在星丘店就近购买的，所以想和店里咨询一下维修和赔偿的事情。

维修人员立即陪她前往现场，发现车子虽然有一个雷克萨斯的车标，实际上却是丰田的一款名为Harrier的SUV（城郊多用途汽车）。估计那个雷克萨斯的标志是车主自己换上去的。既然不是雷克萨斯，肯定也就不是在星丘店购买的了。

但是，工作人员还是先陪着那位女士向车主道歉，然后说明了修理的方法。第二天，女士正式将维修工作委托给星丘店。他们第一时间联系了Harrier车主，修理好后，还从内到外做了彻底的清洁，把焕然一新的车交还给对方。孩子的母亲以为必然会收到一份天价账单，一直惴惴不安。但是星丘店的工作人员告诉她，大家是邻居，这些服务都是免费的。只要不是涉及巨大的金额，星丘店的员工出现场时都有权利判断能否为客户免单。孩子的母亲自不必说，Harrier车主也对星丘店感谢不已。

听到这里，我不禁感慨。为社会做贡献这件事情，企业和员工都应该参与其中。企业为公益事业捐款、大力支持残疾人体育运动、修建绿色环保的办公楼，这些都是为社会做贡献的方式。但是，如果每一个员工都能有这个意识，就会产生更大更深远的影响。个人能做的只是小事，但是，如果对待身边的人都能像对待客户一样，充分考虑他们的利益，尽可能地以诚相待，毫无功利色彩，那不正是对社会做贡献的最好方式吗？

当我在星丘店搜集成书素材时，需要利用午休时间外出就餐。这时候，接待人员很热情地向我推荐："××餐厅中午的套餐又便宜又好吃""××餐厅主要提供蔬菜，特别健康"。她们之所以有这么多信息，是因为总会有客人询问相同的问题。于是接待人员把附近的餐饮都彻底调查了一遍，并且尽量向客人推荐星丘店周边的餐厅。星丘店之所以可以在星丘这块土地上顺利地发展，和附近居民的支持是分不开的，他们也希望用这样的方式为附近的餐饮业送去客源，回馈大家的支持与爱护。

这些看似不值得一提的小事，都是吉田"多做一点儿实事"理念的具体体现。

声名远播

因为星丘店的目标是"打造独一无二的经销店"，所以它引发的效应也是无可比拟的。

首先，有不少客人被星丘店超高的顾客满意度所吸引，特意从爱知县以外的地区赶来购买他家的轿车。这里面包括岐阜县高山市的客人、三重县铃鹿市的客人，最远的还有静冈县静冈市的客人。参考交通路网信息可知，如果全程走高速的话，从星丘店到上述三个城市市中心的时间和距离分别是 1 小时 12 分（60.2 公里）、2 小时 6 分（172.4 公里）和 2 小时 11 分（168.5 公里）。如果不走高速，则要花费两三倍的时间。尽管上述地区都有雷克萨斯经销店，尽管路远，尽管不便，这些客人还是抱着非星丘店不买的决心赶来。

其次，在星丘店，每个月都会有一些特殊的客人来以旧换新，他们都是在名古屋市或近郊的其他经销店购置的第一部雷克萨斯轿车。这些客人的公司或住宅周边，都有比星丘店离得更近的经销店。从便利性考虑，如果不是出于什么特殊原因，最近的店当然是首选。但这些客人恰恰是从便利性考虑，才特意选择了离自己更远的星丘店。

星丘店要提供怎样的服务，才能不辜负这些客人的信任呢？

365 日无间断服务

星丘店重要的卖点之一就是它的售后服务。

他们提供的是 365 日的全天候服务，外加随时准备紧急出现场的服务。

在日本国内的任何一家雷克萨斯经销店都有休息日，而且通常定在周一或周二。其他品牌的经销店也一样有休息日。但是，车辆的故障和交通事故可不会因为是休息日就不发生，这些问题随时都会出现。

因此，从星丘店开业之初，就没有设休息日。他们提供的是 365 日不间断的服务。星丘店只是在每周二实行了部分员工轮换休息的制度，相应地会尽量将客户预约安排在其他时间。

但是星丘店总是要接待大量临时前来维修的客人，而且多半还是在其他经销店购买的汽车。有的客人来了之后就会恳求："我开的是普锐斯，发动机出了点儿毛病。明天我要出差，必须得用车，但是买车的那家经销店今天休息。我实在是没有办法了，听朋友说您这里接受临时的维修业务，能不能麻烦您救个急呢？"

星丘店从来都是愉快地承接下来。无论对方是不是丰田的车，无论是进口车还是小排量车。当然，其他雷克萨斯经销店的车主前来维修，他们也都一律平等对待。每到岁末年初，以及七八月中元节回家省亲的时候，星丘店就会忙得不亦乐乎。在雷克萨斯的车主之间，甚至流传着“有困难去星丘”这样的话。难得的是，星丘店绝不利用维修的机会进行任何推销，因为其他的雷克萨斯经销店也是雷克萨斯团队的一员，不能够做侵害团队其他成员利益的事情。

星丘店越是这样做，越是赢得了其他雷克萨斯店客户的信任。很多人都提出要在星丘店以旧换新，这样的情况一直呈增长趋势。当然，这些都是出于车主本人的强烈意愿，星丘店的工作人员绝对不会提出任何此方面的建议。因为星丘店并没有和其他经销店一较高低的意图，他们追求的不是第一，而是不可复制。

路途再远也要奔赴现场

上文提到过，星丘店售后服务的另一个亮点是随时准备紧急出现场。

有一次，一位客户从岐阜县高山市打来电话说发生了交通事故。所幸没有人员受伤，只是车辆损坏，无法启动。因为工作需要，客户第二天一早还要赶到下一站，所以特别着急。

按照常理，客人既然已经上了保险，星丘店完全可以联系救援公司，由对方负责到底，但是星丘店一直奉行“只要有可能，就全部由自己处理”的原则。于是，他们立刻打电话给事故现场附近的租车公司，希望替客户安排一辆备用车。不巧的是，那家门店没有雷克萨斯。作为权宜之计，星丘店只好给客户租了一辆其他品牌的轿车，请他先回酒店。在此期间，店员联系到拖车公司，将一辆雷克萨斯备用车从名古屋拖到高山市的酒店。到达酒店后，工作人员把雷克萨斯轿车交给客户，并一起商量了报保险及递交事故报告的事宜。然后工作人员替客户将租车公司的轿车还回门店，再到事故现场拖上客户的轿车，返回名古屋。

这就是神奇的紧急出现场服务。当客户遇到事故或车辆故障时，总会有雷克萨斯星丘店的工作人员直接奔赴现场，提供服务。

值得一提的是，这一系列服务都不会向客户收取一分钱。除非客户方有比较严重的过失，否则所有为客户提供的出现场服务都是免费的。上面举的例子都不属于有严重过失的范畴，所以大家可以自己想象，所谓的严重过失得有多么严重。这样一来，也就不难理解为什么那么多人都会想要到星丘店买车了。

在这一点上，星丘店真的具备无法企及的强大竞争力。

星丘店坚持亲赴现场处理问题是有原因的。一般情况下，突然遭遇交通事故的人都会出现精神上的不稳定，却还必须在这样的精神状态下和对方及警察交涉。如果这时候能有自己熟悉的、平日里一直为自己提供服务的雷克萨斯员工赶来协助，客户心理上自然会放松不少。

有一次，星丘店客户在名古屋市内和一辆奔驰车发生了追尾。车主当时打电话到店里，表示自己有一个十分紧急的工作，到交通队办理完手续后必须马上离开。星丘店可以安排备用车，但是开过去至少需要30分钟。经过查询，他们发现距离客户最近的一家同属KIRIX集团的Netz丰田东名古屋经销店正好有一辆备用车，就为客人安排了这一辆。

工作人员抵达现场后，还帮助雷克萨斯车主与奔驰车主进行协商。毕竟双方都很少遇到这样的情况，对所有的处理程序都不熟悉，都存在一些犹豫和迟疑的地方。当星丘店员工帮助他们解决完问题后要离开时，奔驰车主突然走过来说："非常感谢你的协助，下一辆车我肯定要到你们店去买。"

还有一次，吉田店长为了送一辆试驾车，一直从名古屋驱车赶到了奈良。原来，那位客人的公司总部在名古屋，而自己因为工作原因在奈良的分公司无法赶来。他想在奈良期间也能驾驶雷克萨斯轿车，就试着问吉田能不能在奈良安排一次试驾。当吉田亲自把试驾车开到奈良后，这位企业家非常感动，当即决定购买。

吉田讲述这些经历时，完全没有自卖自夸的意思，而是为了时刻警示自己不要放松。

"作为一名销售人员，推销东西的时候都会倾尽全力。比如说我吧，如果客人肯购买车子，不要说奈良了，再远的地方我也可以给他开过去。但是，如果遇到事故或故障，很多经销商就会把一系列工作都推给救援公司。很久以来，当我还在做销售工作时就觉得这样处理不妥。特别是女车主，如果发生交通事故时遇到对方是一个男司机，十有八九会慌了手脚。如果责任在自己，就更不知如何处理才好了。我们不是律师，这个时候也无法进行法律上的交涉，但是我们还是可以陪在车主身边，为他们出谋划策。”

出现场的这项服务不仅限于星丘店，整个KIRIX集团都一直在实行。

曾经有客户黄金周自驾到福冈时车辆出现故障，维修人员带着相关部件乘坐新干线赶赴福冈进行维修；有客户深夜两点在大阪街头遭遇交通事故，打来电话求助，工作人员在凌晨时分将备用车运到了大阪……正是因为集团一直实行覆盖全国的紧急救援服务，雷克萨斯星丘店才能够在以往经验的基础上完善自己的服务体系。集团中的每一个员工都有极强的责任心，他们的想法非常单纯，那就是“当客户遇到困难时要尽己所能地帮助”。

我再一次想起雷克萨斯星丘店员工的一句句朴实的话语：

所谓服务，就是要表达自己的感激之情。

礼宾服务不能说“不”。

服务的第一步是要用心。

不做推销，而是考虑顾客最需要什么。

不要让客户提出要求。

与其制造惊喜，不如多做实事。

这些话语和书中介绍的一个个小故事都由一根主线紧紧相系，它们的共通之处在于“都有为客人考虑的真心”。

而这正体现了KIRIX集团社训中提出的“诚心”“诚意”“诚实”的“三诚精神”。几乎每家公司都会在早会上颂读本公司的“社训”，但是如何将其付诸实践就是另一回事了。

江户时代后期的儒学家佐藤一斋在自己的著述《言志四录》中写过一句话，意思是说想成就大事的人要有不积跬步无以至千里的意识；想要有所作为，不仅要考虑长远的目标，还应该做好眼前的每一件小事。

其实每个人都希望能够做成一件大事，一鸣惊人。但是,“大”的最初并不是“大”，所谓的“大”是无数的“小”汇集而成的。这是一个在任何时代都适用的真理。

虽然看上去是琐碎的、细微的，但是路总要一步步走，路总是开始于脚下。

雷克萨斯星丘店创造的奇迹始于KIRIX董事长山口春三“打造最优秀的雷克萨斯经销店”的热切期望，这份期望传达到每一位员工的心底，并通过他们的行动得以实现。雷克萨斯星丘店的成功意味着山口春三半个世纪以来追求“待客之道”的努力终于得以开花结果。

雷克萨斯星丘店的经营之道：

与其制造惊喜，不如多做实事。比起惊喜，我们更要脚踏实地。

后记

在本书的最后，我还有一个故事想和读者分享。

KIRIX集团不仅拥有雷克萨斯星丘店，旗下还拥有Netz丰田东名古屋公司、KIRIX租赁公司等多家公司。在拜访其董事长山口春三时，他的一席话令我顿生崇敬之情。

春三先生出生在和歌山县的农村，他经历了战争和战后的混乱与贫穷，从很小的时候起就要帮着家里做事。“二战”期间，成年男子都被赶去服兵役，村子里几乎没有什么劳动力。春三的父亲和哥哥也被迫参军，家里只剩下女人和孩子。当时，他还在上小学，但是身体还算强壮，就一个人帮家里耕田。

春三耕完自己的田地后，看到邻居家的田还荒在那里。

他想到户主因为被征兵无法耕作，就“顺手”把人家的田也耕了一遍。那还是一个没有实现农业机械化的年代，耕田完全依靠人力和耕牛。春三说是“顺手”，也足足用了几天的时间才耕完。

耕完这块田，他又注意到了临近的另一块田地，也是因为人手不够，荒在那里没有人去打理。春三心想：“那就把这块田也顺手耕了吧。”就这样，春三把附近的田地全都“顺手”耕完了。

没有人请他帮忙，他的所有行为都是“顺手”做的。

但是，附近的农户全都跑来感谢他，一个劲儿地鞠躬，还再三嘱咐他，若是遇到困难，一定要找大家。这是让春三始料不及的。他的想法很朴实：“我做那些事情的时候并没有期待有什么回报，为什么大家会这么千恩万谢呢？”

那个时候的想法是春三日后所有事业的原点。

“不期待回报的付出，必然会得到回报。”

如果说这个思想是雷克萨斯星丘店待客之道的精华所在也不为过吧。不仅是星丘店的员工，所有KIRIX集团的员工都听过很多次山口春三“顺手”耕田的故事。他们自然理解其中的真谛。

想必各位读者读完被称为“雷克萨斯传奇”的一则则小故事后，也会切实理解山口的思想是如何影响到所有员工的。

我每次做讲座时都会提起客家人的一个处世之道。

在中国南部福建省境内，生活着客家族，他们是汉族的一个重要支系，原本生活在中原地区。其先民为了躲避北方游牧民族的侵略和战乱，南迁至此。客家土楼的建筑形式非常独特，其外形类似古罗马的斗兽场，属圆形建筑，多有三四层楼，每层居住着多户人家。每户人家都可以俯视中庭，是一种呈圆筒状的住宅。福建永定的客家土楼更被列入世界文化遗产名录。

关闭土楼的大门，就可以防止外敌入侵。为了可以在长期围困的情况下自给自足，土楼里还养着猪和鸡等家畜家禽。客家人的祖先当年就是为了躲避战乱而南下到达福建等地，因此他们发明了这样一个坚不可摧又自成一体的建筑形式。

客家人英才辈出。许多著名的政治家，例如中国历史上的孙中山、邓小平、新加坡的李光耀，以及遍布全世界的华人富豪，许多都来自客家人这个群体。

日本电视台曾经做过客家人的相关节目。主持人问客家人的族长，为什么小小的村庄里会走出那么多优秀人物。族长回答道："我们客家人一直遵循这样一个原则，即使邻居给你提供了再多帮助，你也不必回报他。"当看到日本主持人一脸迷惑时，族长继续解释道："如果你接受了右边那户人家的帮助，就去帮助左边的人家。"原来如此，因为土楼是一个圆形的结构，迟早会有一天右边的邻居也能得到回报。也许正是因为客家人践行这样的价值观，才会培育出如此多的人才吧。

但是，这个回报不是马上可以等来的，甚至不知道什么时候才能得到。客家人这个生活模式的重点告诉人们："不要期待回报，该得到的总有一天会得到。每个人都要真诚地对待身边的人，而不是为了索取什么。"

客家人的这个想法居然和山口春三小时候悟出的道理不谋而合。

要做对社会、对他人有帮助的人。

要坚持自己的梦想，直到梦想成真。

读到这里，想必大家早就看出来了，雷克萨斯星丘店的成功绝不是什么超人或具有特殊能力的人所成就的无法复制的模式。所谓它取得成功的秘诀，任何人都可以效仿。一个微笑，一句问候，记住客人的姓名，提供365日的服务，仅此而已。

至关重要的是将“谁都可以做到的事情坚持做下去，做到谁都无法超越的极致”。天道酬勤，点滴的积累就可以创造奇迹。

在此，我衷心希望，在雷克萨斯星丘店发生的奇迹也会降临到您的身上！

译后记

将这本书介绍给我的是一位几年未见的毕业生。他在名古屋，我在北京，是微信让他找到我，并向我推荐了这本“值得翻译成中文”的小书。我想，的确，没有科技的发展，我不可能第一时间取得联系、收到图片，然而更重要的是，若没有真诚用心的推荐，我与中信出版社也不会为之动容。

这是一个“互联网+”的时代，一个强调智能制造、云计算的时代，一个线上热络交流、线下安静相处的时代，我们带着充沛的感受力和丰富的表情包在虚拟世界里如鱼得水，商业模式也在不断追逐技术的进步。

然而，本书里讲述的雷克萨斯日本星丘店，没有以“高科技”、“新概念”为噱头，甚至在工作中出现了“过时”的内容，比如涂涂画画地制作简易说明书，或是给座驾配有先进导航系统的车主手绘一份地图。唯有“用心”，才能为每一位顾客提供极致的服务。

在雷克萨斯星丘店，工作似乎没有分内与分外的差别，“跨界”反倒是主流。一名普通的保安，在没有任何要求的情况下向每一辆驶过的雷克萨斯汽车鞠躬致意，一天鞠上千个，一鞠就是几年；一名负责接线员，竟然把客户姓名电话全存在自己的脑子里，可以直接从号码反应出对方的称谓；一名修理技师，主动要求为客户洗车，而星丘店还把这个洗车服务保留了下来……

办事风格与时代潮流的反差，实际表现与规定职责的反差，不计得失与追求利润的反差，都源自星丘店所属KIRIX集团创始人的一句话：“不期待回报的付出，必然会得到回报。”

虽然我们也说“有付出就有回报”、“有舍才能有得”，但是在潜意识里，还是把付出和得到的关系看作是条件和结果。销售汽车的星丘店，不可能不以盈利为目的。但是创始人山口春三的坚守，影响到了店里的每一个员工。抹去急功近利的浮躁，才能做到用真心拥抱每一个人。

无论科技多么发达，无论人工智能可以取代多少人类的工作，人类情感的表达依然是无法复制的。因此，越是在技术发达的今天，我们越珍视情感的满足。雷克萨斯星丘店的成功之处，就在于他们将“用心”二字做到了极致。

希望这本书的每一位读者都能在享受科技带来便利的同时，感受到真情带来的温暖。

本书译者　潘小多

2016 年春